Sandra Boltz

ICare
Die Challenge

30 Tage.
Achtsamkeit.
Glück.

Sandra Boltz

Inkl. Sai Sin Band & Online-Challenge

ICare

Die Challenge

30 Tage.
Achtsamkeit.
Glück.

Sandra Boltz

ICare – Die Challenge | 30 Tage. Achtsamkeit. Glück.

in J. Kamphausen Mediengruppe GmbH, Bielefeld

ISBN print 978-3-89901-844-8
ISBN E-Book 978-3-89901-926-1

Umschlag: Claudia Schlutter | sichtbar gestaltet
Innenteil: Kerstin Fiebig | ad department
Abbildungen: fotolia.de (Details s. S. 181), außer S. 52, S. 56, S. 151: privat
Lektorat: Ursula Kollritsch
Druck & Verarbeitung: Westermann Druck Zwickau GmbH

www.weltinnenraum.de

1. Auflage 2014

Bibliografische Information der Deutschen Nationalbibliothek:
Die Deutsche Nationalbibliothek verzeichnet diese Publikation in der Deutschen Nationalbibliografie; detaillierte bibliografische Daten sind im Internet über http://dnb.d-nb.de abrufbar.

Dieses Buch wurde auf 100 % Altpapier gedruckt und ist alterungsbeständig. Weitere Informationen hierzu finden Sie unter www.weltinnenraum.de.

Inhalt

Wir müssen uns in den Dingen üben,
die glücklich machen.
[Epikur]

Mein Manifest

ICare hat mich intensiv für das, was im Leben wirklich zählt, sensibilisiert. Eines Tages habe ich mich auf den höchsten Punkt einer Halde im Ruhrgebiet gesetzt und mit der Distanz zum Treiben unter mir aufgeschrieben, welche Grundsätze, Werte und Ziele mir wichtig sind.

Daraus ist mein persönliches Manifest des Lebens geworden, das mich seitdem begleitet und dieses Buch möglich gemacht hat.

Dr. Sandra Boltz

Du hast nur ein Leben. Nutze jeden Tag.

Lache viel. Sei dankbar.

Lebe nicht das Leben eines anderen.

Tue die Dinge, die Du liebst.

Lass Dir niemals einreden, dass Du etwas nicht kannst.

Folge Deinem Herzen und Deiner Intuition.

Gehe mutig Deinen Weg. Glaube an Dich.

Höre auf, Dir Sorgen zu machen.
Du bist, was Du denkst.

Sei da, wo Du bist. Sei immer Du selbst.

Schaue den Menschen in die Augen, wenn Du mit ihnen sprichst.

Liebe Dich selbst, denn Dein Leben hängt davon ab.

Lausche dem Gesang der Vögel. Lege Dich in Wiesen. Rieche das Meer.

Staune, entdecke, probiere immer Neues.

Reise.

Sei achtsam. Kümmere Dich um Dich.

Lebe jetzt.

1. Einleitung

Willkommen bei ICare

Wenn Sie dieses Buch in den Händen halten, dann möglicherweise, weil Sie wenig Zeit für sich selbst haben, sich manchmal wie ein Hamster im Rad fühlen, es Tage gibt, an denen Sie alles nur noch schwarzsehen. Umso mehr fragen Sie sich: Ist es tatsächlich möglich, in nur 30 Tagen achtsamer und glücklicher zu werden?

Stellen Sie sich einmal vor, wie wunderbar es sich anfühlen würde, mit nur wenig Aufwand voll innerer Kraft achtsam, dankbar und motiviert durch den Tag zu gehen. Die Zeit nicht mit negativem Denken zu verschwenden, sich nicht selbst andauernd zu kritisieren und stattdessen die positiven Seiten des Lebens zu fokussieren. Dieses Buch lädt Sie in eine Welt ein, in der ein achtsamer und fürsorglicher Umgang mit sich selbst eine Lebenseinstellung ist. In der Dankbarkeit und Wertschätzung als Kraftquelle Powergefühle erzeugen und Selbstachtung und Selbstvertrauen lohnend stärken. In der glücklich sein zur Gewohnheit wird und sich das Leben einfach besser anfühlt.

Glauben Sie mir, egal an welchem Punkt Sie sich gerade in Ihrem Leben befinden, es ist möglich, durch einfache Schritte kleine positive Veränderungen zu bewirken. Die eingefahrenen Denk- und Fühlmuster und Verhaltensweisen zu entstauben und sich selbst etwas Gutes zu tun.

Wie sieht es bei Ihnen aus? Haben auch Sie genug von negativen Gedankenschleifen und Selbstzweifeln? Die Zeit ist reif für einen achtsameren Umgang mit sich selbst? Sie möchten gerne glücklicher und zufriedener leben, wissen aber nicht so genau wie? Dann ist diese Challenge, das 30-Tage-Programm ICare, genau das Richtige für Sie.

30 Tage lang erwartet Sie eine neue Übung für einen besseren Umgang mit sich selbst. An jedem Tag stehen Sie vor der Herausforderung, etwas für sich selbst zu tun, mit einer konkreten Aufgabe. Einfach anzuwenden und in den Alltag zu integrieren. Und zwar in Hinblick auf Dankbarkeit, Selbststärkung, Vorstellungs- und Anziehungskraft. Das besondere an der Challenge ist, dass Sie ein Hilfsmittel an der Hand haben, ein dünnes, thailändisches Armband, das Sai Sin. Dieses binden Sie sich einfach zum Start um das Handgelenk. Beim Blick darauf werden Sie so an die

Übungen der Challenge erinnert, egal wo Sie sind oder was Sie gerade machen. Das Augenmerk bei ICare liegt nämlich auf der praktischen Umsetzung eines achtsamen Umgangs mit sich selbst. Zu oft gehen gute Vorsätze im Alltag verloren; sicher kennen Sie das. Und das konkrete Tun ist der ausschlaggebende Punkt, wenn man etwas ändern will. Bei der Challenge machen Sie aktiv etwas für sich selbst und Ihr Wohlergehen.

ICare unterstützt Sie dabei, kleine positive Veränderungen in Ihr Leben zu bringen. Das Einzige, was Sie zu tun haben, ist die einfachen Tagesübungen in Ihr Leben zu integrieren. Das Buch ist so aufgebaut, dass Sie ohne lange Vorbereitungen direkt starten können. Nach einem kurzen Blick auf den Ist-Zustand und die Art, wie Sie mit sich selbst umgehen, sozusagen einer persönlichen Bestandsaufnahme, erfahren Sie, wie ICare entstanden ist und wie die Methode funktioniert. Und dann kann es mit dem 30-Tage-Programm losgehen ...

Wenn Sie skeptisch sind, ob ein besserer Umgang mit sich selbst in nur 30 Tagen gelingt, kann ich Ihnen diese Zweifel nehmen. Die „ICare-Challenge: 30 Tage. Achtsamkeit. Glück.“ ist im Frühjahr 2014 mit rund 1000 Teilnehmern durchgeführt worden. Die Resonanz war überwältigend. Die Teilnehmer berichteten schon während der ersten Woche über mehr Achtsamkeit, Zufriedenheit und von einem besseren Gefühl und Umgang mit sich selbst. Erfahrungen von Teilnehmern finden Sie im Anhang.

Wenn Sie möchten, können Sie zusätzlich zur Unterstützung online an der ICare-Challenge teilnehmen. Das Besondere: Jeden Morgen steht die aktuelle Tagesübung in Ihrem E-Postfach. Sie können direkt und ohne weitere Mittel starten und sich, wenn Sie möchten, mit anderen austauschen. Die Challenge in einer Gemeinschaft durchzuführen, motiviert und macht Spaß. Schauen Sie doch einfach mal rein.

ICare ist ein Angebot, eine Einladung an Sie. Probieren auch Sie es! Mit wenig Aufwand können Sie viel in Ihrem Leben verändern. Achtsamer und zufriedener werden, eine positivere Ausstrahlung auf sich selbst und andere gewinnen. Das Gute ist, dass Sie nichts zu verlieren haben, wenn Sie es ausprobieren. Kümmern Sie sich um sich selbst, denn das sind Sie sich wert. Lassen Sie es drauf ankommen. Sagen auch Sie: ICare!

Bestandsaufnahme: Wie gehen Sie mit sich selbst um?

In der heutigen Zeit geht es vor allem um eins, um mehr. Mehr Tempo, mehr Erleben, mehr Erfolg. Wir wollen viel, möglichst alles, und das schnell. Die Beschleunigung hat uns fest im Griff. Wir hetzen von einem „To do“ auf unserer Liste zum nächsten. Die Menge dessen, was wir erledigen und erfüllen wollen, steigert sich ständig. Perfekt zu funktionieren lautet das oberste Gebot. Wir legen uns selbst einen Zwang zum Multitasking auf, um alles zu schaffen. Denn wenn das eine fertig ist, steht das nächste schon an. Dieses permanente Gas geben auf der Überholspur hinterlässt Spuren; wir selbst drohen dabei auf der Strecke zu bleiben. Die unentwegten Anforderungen im Berufs- und Privatleben führen uns nicht selten an die Grenze unserer Kräfte. Die Gedanken rasen dahin und hüpfen unaufhörlich von einem Thema zum anderen. Wir können unsere Aufmerksamkeit nicht optimal lenken und schweifen dauernd ab. Wenn ein Termin den nächsten jagt, bleibt schließlich keine Zeit mehr zum Entspannen und Abschalten. Das quälende „Ich müsste eigentlich noch ..." erzeugt ständigen Druck. Wir fühlen uns wie in einem Hamsterrad gefangen, Tag für Tag, Woche für Woche, und wissen irgendwann nicht mehr, wie wir herauskommen sollen.

Genauso erging es mir. Permanentes Ausgelaugtsein, Unzufriedenheit und ein Gefühl der Leere waren die Folge eines Lebens, geprägt durch Selbstvernachlässigung und Stress. Beruflich war ich stark eingebunden. Als Dozentin an der Universität bereiteten mir die Lehrveranstaltungen mit den Studierenden zwar große Freude, jedoch war dies nur ein Teil der Arbeit. Ich hatte die Aufgabe wissenschaftliche Berichte zu schreiben, Fördermittel für die Forschung zu beantragen, an scheinbar endlosen Sitzungen teilzunehmen, Sprechstunden abzuhalten und, was mir besonders wichtig war, die Seminare gründlich vor- und nachzubereiten. Außerdem war ich noch als Redaktionsmitglied einer pädagogischen Zeitschrift tätig, was bedeutete, dass es zusätzlich Unmengen an Artikeln und Korrekturen zu lesen und Korrespondenzen zu erledigen gab.

Dazu galt es, weitere Rollen zu erfüllen: die der perfekten Partnerin, der fürsorglichen Tochter, der Enkeltochter, die sich um die pflegebedürftige Großmutter kümmerte, der zuverlässigen und unternehmungslustigen Freundin, Tante, Nachbarin und noch einige mehr. In der knappen Freizeit, die blieb, trainierte ich zusätzlich für einen Halbmarathon, da ich schließlich seit ein einigen Jahren jedes Jahr an einem teilnahm, und war als ehrenamtliche Vorlesepatin in der Kinderklinik aktiv.

Obwohl ich glaubte, dass mich dies alles erfüllte und ich mich wohl dabei fühlen müsste, verriet meine Unzufriedenheit Folgendes: Ich kümmerte mich um vieles, nur nicht um mich selbst. Ich räumte unzähligen Menschen und Tätigkeiten Zeit ein, nur für mich selbst hatte ich keine Zeit. Bei dem Versuch, es allen recht zu machen, habe ich einen Menschen vergessen: mich selbst.

Das hinterließ Spuren. Die Arbeit bereitete mir zunehmend weniger Freude und war durch mechanisches Funktionieren gelenkt. Mein Selbstwertgefühl war alles andere als stabil, der innere Kritiker nörgelte ständig an mir herum. Dinge, die ich sonst mit großem Elan und Enthusiasmus erledigte, ließen mich nun seufzen. Dienst nach Vorschrift, ohne Power und Vision. So kannte ich mich nicht.

Ich hatte bis dato viel geleistet, steckte voller Ideale und Ziele. Als Lehrerin habe ich nebenberuflich einen Master-Abschluss erlangt und den Sprung an die Universität geschafft. Innerhalb von zwei Jahren habe ich dann promoviert. Das war eine sehr anstrengende aber auch lohnende Zeit für mich. Ich habe erfahren, was man schaffen kann, wenn man es wirklich will.

In der Endphase der Promotion zerbrach meine langjährige Beziehung. Die Trennung war eine schmerzhafte Erfahrung. All das, was bisher eine unverrückbare Konstante war, löste sich urplötzlich auf. Das Vertraute zu verlieren und loszulassen war ein bitterer Prozess, der tiefe Spuren hinterließ. Im Anschluss an meine Doktorarbeit habe ich dann eine vielversprechende Anstellung als wissenschaftliche Mitarbeiterin bekommen. Von außen betrachtet lief es geordnet, ich ging eine neue, gute Partnerschaft ein und wir bezogen ein gemeinsames Zuhause. Im Laufe der Zeit spürte ich jedoch, dass ich innerlich massiv aus der Balance geraten war. Ich nahm perspektivisch ein Stück Abstand von mir selbst und wechselte in die Zuschauerrolle. Und ließ es laufen, anstatt etwas zu unternehmen. Das war ein großer Fehler, wie mir heute klar ist, aber ich geriet in einen Sog aus Selbstkritik und negativen Gedanken, der mich immer tiefer runterzog. Ich fühlte mich erschöpft und hilflos. Schließlich suchte ich meinen Arzt auf, der mir riet, die Notbremse zu ziehen und eine Auszeit verordnete. Seit langer Zeit tat ich nun etwas, was ich ansonsten erfolgreich verdrängte:

Ich dachte über mich und die Art und Weise, wie ich mit mir selbst umging, nach.

Ich unterzog mich wie beim TÜV einer Bestandsaufnahme und sah zum ersten Mal seit Wochen genau hin. Der momentane Ist-Zustand war nur ein blasses Abbild von mir. Mein Inneres hat irgendwann auf Autopilot geschaltet und so hatte ich das Gefühl, nicht mehr selbst das Steuer in der Hand zu haben. Ich dachte, die Umstände bestimmen mein Leben und ich könne nichts ändern. Diese Ansicht war schlichtweg falsch. Im Nachhinein war diese Zeit, so schmerzlich und kräftezehrend sie auch war, sehr lohnend für mich. Denn gerade dieses vermeintliche Scheitern, dieses Nicht-mehr-Können brachte mich dazu, ehrlich mit mir selbst zu sein. So erschöpft und lieblos ich zu mir selbst war, brauchte ich mir nichts mehr vorzumachen: Ich kümmerte mich nicht um mein eigenes Wohlergehen.

Jede Selbsterkenntnis fängt damit an, schonungslos ehrlich zu sein. Am meisten fühlt man sich dabei von den Dingen getroffen, die man vor sich selbst verheimlicht hat. Ich erkannte, dass es mit meiner Selbstliebe und meinem Umgang mit mir selbst alles andere als gut aussah. Es war lange her, dass ich so richtig zufrieden gewesen war mit mir oder dass ich selbst von ganzem Herzen etwas Positives über mich gedacht hatte. Stattdessen hatte ich mich immer weniger selbst beachtet. Mich selbst, im Kern meines Wesens. Das hatte ich nur erfolgreich verdrängt. Die Fassade nach außen stimmte, aber in mir drin war nicht alles im Lot. Ich war aus dem Gleichgewicht geraten, da ich nicht mehr bewusst und gut für mich selbst gesorgt habe. Die ständigen Selbstangriffe in Form von Selbstabwertungen und negativen Denkmustern schwächten meine Energie. Mein innerer Akku war definitiv leer. Meine Umwelt und mich selbst nahm ich unachtsam wahr. Beim Mittagessen, mehr geschlungen als genossen, dachte ich über die Nachmittagsplanung nach, während ich mich gleichzeitig mit Kollegen unterhielt. Was ich da eigentlich genau aß und wie es schmeckte, habe ich nicht registriert. Meine Gedanken kreisten um Zukünftiges und Vergangenes; dem gegenwärtigen Moment habe ich keine Beachtung geschenkt. Meine Unachtsamkeit mir selbst und dem Leben gegenüber trieb mich vor sich her.

Wie sieht es bei Ihnen aus? Erhalten Sie die TÜV-Plakette der Achtsamkeit mit sich selbst? Sind Sie zufrieden mit der Art und Weise, wie Sie sich selbst behandeln? Lieben und akzeptieren Sie sich voll und ganz, mit Ihren Stärken und vermeintlichen Schwächen? Sind Sie ein Fan von sich selbst?

Bei einer objektiven Betrachtung ist es oft ernüchternd, wie lieblos wir mit uns selbst umgehen. Seien Sie ehrlich: Haben Sie heute Morgen nur Gutes über sich und Ihr Aussehen gedacht, als Sie sich im Badezimmer zurechtgemacht haben? Die Kommentierung unseres eigenen Aussehens ist meist geradezu erbarmungslos erniedrigend. Niemals würden wir so das Aussehen eines anderen beurteilen. Doch uns selbst tun wir dies an und bauen damit gleichzeitig unbewusst ein Stück unseres Selbstwerts ab. Tag für Tag. Gehen überkritisch und hartherzig mit uns selbst um. Reden uns ein, wir wären nicht klug, hübsch, schlank oder begabt genug. Können uns weit zurückliegende Fehler nicht verzeihen, Vergangenes nicht loslassen und zeigen uns selbst gegenüber keine Wertschätzung. Führen negative Selbstgespräche und greifen uns in Gedanken selbst an. Halten an Selbstzweifeln fest, die uns innerlich einschränken. Verzeihen anderen vermeintliche Schwächen, nur uns selbst nicht, denn bei uns selbst ist Perfektion gerade gut genug. Dabei kann niemand nur Stärken haben. Die Welt wäre ein schrecklich langweiliger Ort, wenn dies anders wäre.

Wie gehen Sie den ganzen Tag lang mit sich selbst um? Arbeiten auch Sie fortwährend „To-do"-Listen ab, auf denen alles Mögliche steht, nur nicht der Punkt „Zeit für mich"? Lassen Sie sich von negativen Gedanken Energie abziehen? Richten Sie den Fokus eher auf Ihre angenommenen Schwächen als auf Ihre Stärken? Schieben Sie die eigenen Wünsche und Gefühle auf? Was tun SIE eigentlich für sich selbst?

Nehmen Sie sich Zeit, an sich zu denken, ohne dabei egoistisch zu sein. Denn es ist Ihr Leben. Das einzige, was Sie haben.

Was wäre, Sie würden die ganze Energie, die Sie tagtäglich in Grübelei, Unzufriedenheit oder Angst investieren in eine andere Richtung lenken? Was aus Ihrem Leben wird, haben Sie selbst in der Hand. Überlegen Sie sich, wie Sie leben wollen; Sie haben die Wahl. Das ist Freiheit, denn Freiheit bedeutet, eine Wahlmöglichkeit zu haben. Sie können sich weiter selbst missachten und von einem bewussteren Leben nur träumen. Oder Sie können jetzt, in diesem Moment, sagen: „Ich werde dieses Leben haben! Ich werde alles daran setzen, es zu erreichen." Überlegen Sie es sich gut. Sie haben nur eine gewisse Zeitspanne zur Verfügung. Wie Sie diese gestalten, liegt an Ihnen. Sie entscheiden. Dass Sie nun genau dieses Buch in den Händen halten, zeigt, dass Sie etwas ändern wollen. Also, nutzen Sie die Chance und tun Sie es.

Wann haben Sie sich das letzte Mal für etwas, das Sie getan haben, selbst gelobt und waren so richtig zufrieden mit sich selbst? Meist kehren wir die eigenen Erfolge, ob kleine oder große, unter den Teppich. Vergleiche mit anderen, die noch bessere Leistungen erzielt haben, ziehen wir stattdessen schnell. Egal wie bemerkenswert unsere Leistung auch war, stehen wir so stets schlecht da. Wir sind Meister der Selbstsabotage und bemerken dabei gar nicht, wie sehr wir uns damit schaden. Wir verhindern unser Glück, indem wir uns selbst links liegen lassen und nicht beachten.

Doch änderbar ist vieles. Eine Studie der Universität Zürich in der Schweiz zeigt, dass Zufriedenheit trainierbar ist. 180 Männer und Frauen trainierten zehn Wochen lang gezielt bestimmte Charakterstärken wie Optimismus, Dankbarkeit und Humor. Um Dankbarkeit zu schulen, mussten sich die Teilnehmer zum Beispiel mit ihrem Sitznachbarn darüber austauschen, wie sie in einer bestimmten Situation Dankbarkeit erlebt hatten. Vor und nach den zehn Wochen Training füllten sie Fragebögen zu ihrer Lebenszufriedenheit und ihrem Wohlbefinden aus. Das Ergebnis: Die Teilnehmer waren nachher glücklicher, heiterer und häufiger positiver Stimmung. Jeder ist seines Glückes Schmied. An dieser Redewendung ist also etwas Wahres dran.

Da wir unser Glück selbst in der Hand haben, beeinflussen wir dadurch maßgeblich auch unseren Gesundheitszustand. Forscher der Columbia University in New York haben in einer Langzeitstudie mit 1739 gesunden Erwachsenen bestätigt, dass glückliche und zufriedene Menschen seltener Herzkrankheiten bekommen. Je positiver die Lebenseinstellung der Teilnehmer war, desto geringer erwies sich das Risiko für einen Infarkt oder eine schlechte Durchblutung der Herzkranzgefäße. Da sich innere Zufriedenheit und Optimismus günstig auf die Gesundheit auswirken, gilt es dafür etwas zu tun. Glück und gute Laune kann man allerdings nicht kaufen, wir sind in diesem Punkt ganz allein verantwortlich und müssen daher bewusst dem Kreislauf des negativen Denkens und der Unachtsamkeit entrinnen.

Wichtig ist hierbei, wie bei jeder Änderung, dass man sich ganz bewusst festlegt. Ja oder Nein. Hin zu einem besseren Umgang mit sich selbst oder eben nicht. Eine wirkungsvolle Veränderung ist kaum zu erreichen, wenn man es gleichgültig und nicht voller Elan angeht. Das ist vergleichbar mit halbherzig gemeinten Silvestervorsätzen, die oftmals nur so daher gesagt sind. Meist halten die Vorsätze nur ein oder zwei Tage und dann ist alles wieder beim Alten. Weil sie nicht zu hundert Prozent gewollt waren, weil sie nicht aus tiefstem

Herzen kamen, weil nicht alles daran gesetzt wurde, sie zu erreichen. Entscheiden Sie sich also bewusst dazu, es vollen Herzens anzugehen. Zeigen Sie die Bereitschaft, etwas für sich zu tun und bleiben Sie am Ball. Genauso wie man nicht Klavier spielen lernen kann, wenn man nur ab und zu mal ein bisschen übt, erbringt auch ein gleichgültiges Angehen der Veränderung des Umgangs mit sich selbst nicht das beste Resultat. Und das Beste haben Sie selbst ja wohl verdient, oder?

Hätte ich mich nicht ganz klar dazu entschieden, Verantwortung für mein Leben zu übernehmen, würde ich wahrscheinlich immer noch so unachtsam mit mir selbst umgehen. Nun erfüllen mich Optimismus, Freude, Liebe zum Leben und zu mir selbst und geben mir Kraft und Zuversicht. Ich wünschte, ICare wäre eher in mein Leben getreten, denn so hätte ich mir vieles erspart, was kontraproduktiv für mich und auch mein Umfeld war. Doch es ist niemals zu spät, Änderungen herbeizuführen. Wenn man sich immer nur Optionen freihält, kann man nichts verändern im Leben. Nur was einem bewusst ist, kann man auch bewusst verändern. Entscheiden Sie sich also für einen besseren Umgang mit sich selbst, anstatt eines „vielleicht" oder „mal sehen". Nehmen Sie das Heft selbst in die Hand und begeben Sie sich auf den Weg. Kleine positive Veränderungen können Sie dabei sofort erzielen, das ist nicht schwer. Um hartnäckige negative Denkmuster, die schon verinnerlicht wurden, abzulegen, ist ein ausdauerndes Training erforderlich. Schritt für

Schritt. Und ICare bietet Ihnen das optimale Rüstzeug dazu!

Freuen Sie sich, wenn Sie den Entschluss gefasst haben, etwas für sich zu tun. Ein buddhistisches Sprichwort sagt: *„Der Tag, an dem Du einen Entschluss fasst, ist Dein Glückstag.“* Seien Sie stolz auf sich. Der erste Schritt in ein neues achtsames Leben ist getan, weil Sie sich dazu entschlossen haben.

Zeit für Veränderungen: So funktioniert ICare

Das Gute an einer Bestandsaufnahme ist das klare Ergebnis, das danach feststeht. Man kann den Tatsachen ins Auge blicken. Was steht auf Ihrem TÜV-Abschlussbericht der Achtsamkeit? Etwas wie „so richtig rund läuft es gerade nicht mit meinem Umgang mit mir selbst“? Möchten Sie das ändern? Sehr gut! Dann heißt es nun zu überlegen, was für Chancen und Möglichkeiten diese neue Situation bietet. Es reicht nicht, das Leben nur verbessern zu wollen und trotzdem alles beizubehalten. Sie müssen aktiv werden. Eine nachhaltige Änderung benötigt ein strukturiertes Vorgehen, einen Handlungsplan. Denn nur gezieltes Vorgehen bringt Erfolg. Aber wie sieht das genau aus? Das Ziel ist klar, ein besserer Umgang mit sich selbst, doch wie kann das erreicht werden? Wie können Sie achtsamer und glücklicher werden?

Exakt diese Frage habe ich mir auch gestellt. Der erste Schritt, etwas zu ändern, war mein klarer Entschluss dazu.

Klingt einfach, ist jedoch von großer Bedeutung. Wenn wir etwas nur nach Lust und Laune machen, ist es in den seltensten Fällen ergiebig. Es war mir klar, dass es wenig bewirkt, nur mal ab und zu an sich zu arbeiten, sondern dass Beständigkeit dabei unerlässlich war. Das Ziel, achtsamer mit mir selbst umzugehen, konnte nicht per Knopfdruck erreicht werden. Ich war mir sicher, dass ich etwas ändern musste und ich war bereit, mich engagiert diesem Prozess zu stellen. Es ging schließlich um mich, um mein Leben, wie hätte ich da halbherzig handeln können? Wussten Sie, dass die japanischen Schriftzeichen für Krise („Kiki") sowohl Umsturz als auch Chance bedeuten? Eine passende Übersetzung, denn in einer Krise lernen wir eine Menge über uns. Dazu war ich bereit ...

Als Erstes habe ich mir aus der Bücherei alle verfügbaren Bücher über positives Denken, Glück und Selbsthilfe ausgeliehen. Als ich an der Ausleihtheke stand und die Büchereiangestellte ungefähr 25 Bücher zum Thema einscannte, überkam mich auf einmal das altvertraute negative Denken. Es war mir plötzlich furchtbar unangenehm, dass die Frau offensichtlich all die Titel registrierte. Sofort schoss mir durch den Kopf, was sie wohl über mich denken könnte. Augenblicklich meldete sich ungefragt mein innerer Kritiker mit selbstabwertenden Sätzen. Und von einem Moment auf den anderen fühlte ich mich schlecht. Nur durch meine Vorstellungen darüber, was ein anderer Mensch wohl über mich denken könnte. Nach außen wollte ich perfekt wirken, da passten zwei riesige Stapel Bücher aus der Abteilung Selbsthilfe nicht in das Konzept. Ein schlichtweg falscher Glaubenssatz, der mich einschränkte; mein persönlicher Filter der Realität. Denn das, was ich da glaubte, war nur eine mögliche Sicht der Dinge und eben nicht die Wahrheit. Im Grunde verrät es ja bereits das Wort. Es heißt schließlich Glaubenssatz und nicht Wahrheitssatz. Trotzdem stellen diese reinen Annahmen für die meisten von uns kompromisslose Tatsachen dar, mit denen wir es uns viel schwerer als nötig machen.

Es war allerhöchste Zeit, etwas zu unternehmen; meine eingefahrenen Denkmuster und Glaubenssätze waren wie Gitterstäbe eines selbst errichteten inneren Gefängnisses. Sie blockierten mich und nagten an meinem Selbstwertgefühl. Diese selbst erzeugte Hemmnis galt es zu beseitigen. Endlich war mein langer Schlaf der Unbewusstheit und Selbstverurteilung vorbei. „Glaube nicht alles, was du denkst" sollte mein neues Credo werden.

Die nächsten Tage und Wochen habe ich Berge von Büchern „verschlungen". Wie wichtig eine positive Haltung sich selbst gegenüber ist und dass man für den Umgang mit sich allein die Verantwortung trägt, stand in fast jedem dieser Bücher. Die Lektüre war sehr informativ, vieles darin war Balsam für mein lädiertes Seelenleben, aber etwas Entscheidendes fehlte. Nirgends konnte ich ganz konkrete Handlungsvorschläge oder so etwas wie einen Vorgehensplan finden. Ich brauchte dringend das Rüstzeug für solche Situationen wie in der Bücherei. Die Bücher waren voll mit Selbsttests wie „Was sind Ihre Stärken und Talente?“ oder „Können Sie positiv denken?“. Das war alles sinnvoll und aufschlussreich, allerdings für mein Anliegen, der Verbesserung des Umgangs mit mir selbst, und zwar ganz real in der Praxis und nicht nur beim gemütlichen Schmökern mit einer Tasse Tee auf dem Sofa, wenig zielführend. Lesen allein brachte mich nicht weiter. Ich musste an die Studierenden meiner Lehrveranstaltungen an der Universität denken, die die Praxisferne ihrer Ausbildung kritisierten und daher über jeden Tipp von mir aus dem Schulalltag dankbar waren. Ich nehme die Anliegen der Studierenden sehr ernst, da mir ihr Wohlergehen und eine bestmögliche Ausbildung sehr am Herzen liegen. In meinen Sprechstunden bemerken sie schnell, dass ich ein offenes Ohr für sie habe und so entsteht eine ehrliche Gesprächsatmosphäre. Viele der angehenden Lehrer vertrauen mir ihre Befürchtung an, dass ihnen vieles, was sie an der Universität lernten, nichts für den konkreten Schulalltag bringen würde. Genau so kam ich mir in dieser Situation vor. All die Dinge, die ich las, lieferten keine handfesten Transfermöglichkeiten von der Theorie in die Praxis. Doch genau das brauchte ich und zwar dringend.

Dabei kam mir ein Zitat von Konfuzius in den Sinn:

„Sage es mir, und ich werde es vergessen.
Zeige es mir, und ich werde es vielleicht behalten.
Lass es mich tun, und ich werde es können.“

An diesem Gedanken hielt ich fest und überlegte mir, dass es hilfreich wäre, zusätzlich ein unterstützendes Mittel zu haben, das mich im Alltag an meinen Vorsatz erinnerte. Daran, achtsam mit mir umzugehen, es also tatsächlich zu TUN, etwas, das ich immer bei mir trug. Wie das Sai Sin, ein dünnes Armbändchen, das ich seit einem Thailandurlaub fest am Arm trug. Das Glücksarmband soll dem jeweiligen Träger Schutz, Gesundheit und Glück gewähren. Was für ein gutes, passendes Omen!

Gedacht, getan! Immer wenn ich auf das Sai Sin blickte, wollte ich von nun an für einen Moment innehalten, in mich gehen und um MICH SELBST kümmern. Und zwar durch unterschiedliche Übungen und mentale Techniken, die ich zu einem Programm zusammenstellen wollte. Durch das Sai Sin hätte ich so eine ständige kleine visuelle Erinnerung an den Vorsatz, etwas für mich selbst zu tun. Diese Erinnerung ist stets in Sichtweite und das Phänomen „aus den Augen, aus dem Sinn" wird so gezielt unterbunden.

Das Projekt ICare – *Ich kümmere mich. Ich tue es. Ich gehe achtsam mit mir um.* – konnte beginnen ...

Das Konzept von ICare

Drei Schritte sind nötig, um an einer Veränderung zu arbeiten. Jede der drei Komponenten ist dabei entscheidend für Ihren Erfolg:

1. Entschluss fassen

Der erste Schritt besteht zunächst in der festen Absicht, etwas zu tun. Je stärker der Wille, desto höher sind die Erfolgschancen.

Absichten kann man am besten bekräftigen, indem man sie schriftlich festhält. Daher bietet ICare Ihnen Folgendes: Schließen Sie einen Vertrag mit sich ab, in welchem Sie sich verbindlich dazu bekennen, ICare 30 Tage durchzuführen. Den Vertrag finden Sie im Anhang. Ich selbst habe mich vertraglich dazu verpflichtet, ICare auszuüben. Den Vertrag habe ich eingerahmt und über meinen Schreibtisch gehängt, sodass ich die Abmachung mir selbst gegenüber nie ganz aus den Augen verlieren konnte. Vielleicht findet sich in Ihrer Wohnung ebenfalls ein freies Plätzchen?

2. Erkennen

Zweitens müssen genau die Situationen erfasst werden, in denen sich Unachtsamkeit und negative Denkmuster ausbreiten oder man die Macht über sich an den inneren Kritiker abgibt. Ein einziger Gedanke reicht oft aus, um die Laune zu verderben, Energie zu rauben und sich schlicht und einfach

„klein" zu fühlen. Dabei ist jeder einzelne Tag des Lebens zu kostbar, um ihn von diesen Stimmungskillern beeinträchtigen zu lassen. Negative Gedanken und Gefühle mögen zwar unerwartet über uns hereinbrechen, aber wir können entscheiden, ob wir bei ihnen bleiben oder ob wir sie ändern.

Es ist für uns ganz selbstverständlich, dass unsere Handlungen sichtbare und leicht erklärliche Folgen nach sich ziehen. Der Einfluss unserer Gedanken wirkt hingegen im Verborgenen und erscheint uns dadurch unerklärlich und generell unbedeutend zu sein.

So stehen wir uns oft selbst im Weg und grenzen unsere Möglichkeiten ein, da wir negative Denkmuster nicht bewusst wahrnehmen. Reden uns zum Beispiel ein, wir könnten gewisse Anforderungen nicht erfüllen und führen negative Selbstgespräche: „Das kann ich sowieso nicht. Die anderen sind besser als ich. Ich lass es lieber, um mir eine Enttäuschung zu ersparen." Diese negative Denkweise bewirkt nichts, außer dass wir uns mutlos fühlen.

Um diese inneren Denkmuster aufzuspüren, müssen Sie ehrlich zu sich selbst sein. Horchen Sie in sich hinein. Sie selbst können am besten wahrnehmen, wie es um Ihre Gedanken und Gefühle steht. Werden Sie zu Ihrem eigenen Beobachter.

Es geht darum, die Wahrnehmung zu steigern und sich die unbewussten Überzeugungen und Gedanken erst einmal bewusst zu machen. Indem man darauf achtet, was man über sich und andere Menschen denkt, wie man sich dabei fühlt.

Darauf achtet, was man sagt und wie man sich verhält. So können wir unsere typischen Denk- und Verhaltensmuster erkennen, die positiven und die negativen. Auch wenn uns die negativen nicht gefallen, gilt es nicht, sie zu verdammen. Denn nur durch dieses Erkennen haben wir die große Chance, alles in Ruhe zu betrachten, so einen neuen Blickwinkel auf uns selbst zu gewinnen und letztlich etwas zu ändern. Wir können über unsere Gedanken entscheiden, genauso wie wir uns jeden Morgen entscheiden, welche Kleidung wir tragen.

Es gilt also zu erkennen, dass zu viele unserer Gedanken und inneren Monologe – oft aus reiner Gewohnheit – negativ sind. Dieser eine Moment des Erkennens ist von zentraler Bedeutung, denn hier besteht die Chance, aktiv einzugreifen und gegenzusteuern. Dann kann das Denken geändert werden, gerade eben in diesem Augenblick.

Sind wir uns dessen bewusst, können wir aktiv Einfluss auf unser Leben nehmen. Wie sich eine Sache oder ein Gespräch entwickelt, entscheiden wir maßgeblich durch unsere Gedanken und Emotionen. Es ist meist nur der Bruchteil einer Sekunde, in dem ein Gedanke entsteht, der uns selbst blockiert. In dem der innere Nörgler auftaucht, uns Negatives zuflüstert, den Mut nimmt und so regelrecht ausbremst. Eine bestimmte Situation erscheint dabei meist nur in unserer eigenen subjektiven Wahrnehmung so negativ. Wir sind wahre Meister der Selbstsabotage. Die Möglichkeit, einzugreifen und unsere eigene Sabotage zu unterbinden, besteht in dem Moment des Erkennens, in diesem Bruchteil der Sekunde. Hier heißt es, die Notbremse zu ziehen. Die Übungen von ICare bieten Ihnen dafür das Know-how.

Zudem gilt es, Momente zu ergreifen, um einfach so gut mit sich selbst umzugehen und achtsam zu sein. In denen man sozusagen Wellness für die Seele betreibt. Für all diese Momente des Erkennens dient das Sai Sin als visueller Anker. Denn da ist etwas, was wir immer dabei haben und uns so daran erinnert, gut zu uns selbst zu sein.

3. Handeln

Der dritte Schritt besteht darin, aktiv etwas zu tun. Dies ist das Herzstück von ICare. Das 30-Tage-Programm ist ganz der Praxis und somit dem Rüstzeug für einen dauerhaft besseren Umgang mit sich selbst gewidmet. Sie erfahren konkret, was zu tun ist, wenn die Gedankenmüllberge wachsen, Ihnen den Tag vermiesen und vieles mehr, was Ihr Leben achtsamer und glücklicher werden lässt.

ICare besteht also aus drei Schritten, die aufeinander aufbauen:

Entschluss fassen + Erkennen + Handeln = ICare

30 Tage ICare

Gewohnheiten und Rituale bestimmen unser Leben. Sie leiten uns durch den Tag: Was wir morgens nach dem Aufstehen machen, was wir essen und trinken, welchen Radiosender wir hören, wann wir Sport treiben. Sie vereinfachen uns das Leben, da sie uns schlicht entlasten.

Ein achtsamer Umgang mit sich selbst als neue Gewohnheit – das wäre traumhaft, oder? Um dies zu erreichen, ist etwas Training erforderlich. Es müssen schließlich Denkmuster umstrukturiert werden. Die Challenge dauert 30 Tage und orientiert sich dabei an den Erkenntnissen der Hirnforschung. Die Wissenschaft geht davon aus, dass der Mensch ungefähr drei bis vier Wochen benötigt, um eine neue Verhaltensweise bei regelmäßiger Ausführung zu einer Gewohnheit zu machen.

In unserem Gehirn existiert ein Bereich, in dem Gewohnheiten abgespeichert werden, die sogenannten Basalganglien. Dieser Bereich ist dafür verantwortlich, dass wir uns bei Handlungen, die wir oft ausüben, gar nicht mehr bewusst überlegen müssen, was wir nun genau machen müssen. Wie wir eine Tasse Kaffee halten oder was wir genau tun müssen, um ein Brot zu schmieren. Wir tun dies ganz automatisch, ohne darüber nachzudenken. Die Basalganglien haben das Kommando, wenn es um unsere Gewohnheiten geht. Daher ist es auch so schwierig, sich etwas Gewohntes wieder abzugewöhnen. Um alte Gewohnheiten loszuwerden, müssen sie durch neue Gewohnheiten überlagert werden. Wann immer wir positive Veränderungen in unser Leben einladen wollen, braucht es daher regelmäßige Wiederholungen. So wird aus den neuen bewussten Gedanken nach und nach eine Selbstverständlichkeit.

Wir schreiben auf diese Weise Schritt für Schritt unsere alten Programme im Gehirn um und knüpfen neue Verbindungen von Nervenzellen, was die Hirnforschung Neuroplastizität nennt. Zu verstehen, wie der Mechanismus der alten Gewohnheiten abläuft, liefert somit enormes Potenzial. Wir können ihn gezielt unterbrechen und unsere Handlungen neu steuern. Während der 30 Tage erhält unser Gehirn ausreichend Zeit, sich umzuprogrammieren und die Zellen neu auszurichten. Die Weichen für ein neues Leben sind gestellt. Und das Gute ist: Wenn Sie mit der Challenge beginnen, werden Sie sofort positive Veränderungen erleben.

Ist Ihr Ehrgeiz geweckt? Fragen Sie sich, ob Sie ICare 30 Tage schaffen? Die nächsten 30 Tage stehen vor der Tür, also, warum diese Zeit nicht einfach dafür nutzen, gut mit sich selbst umzugehen. Versuchen Sie es. Für die nächsten 30 Tage.

Die Zutaten von ICare

Kommen wir nun zu den Inhalten von ICare für ein achtsameres und glücklicheres Leben: Dankbarkeit, Selbststärkung, Vorstellungs- und Anziehungskraft. Die Challenge dauert vier Wochen, in jeder Woche beschäftigen Sie sich mit einem der Themen. Jeder Wochentag enthält dabei eine Übung, die Sie für das jeweilige Thema sensibilisiert und Sie zum konkreten Tun auffordert.

Woche 1

Die erste Woche ist der **Dankbarkeit** gewidmet. Die Übungen richten Ihre Wahrnehmung auf all das, was es um Sie herum wertzuschätzen gibt. Sie üben sich in Dankbarkeit und Wertschätzung und werden von der wohltuenden Wirkung begeistert sein. Zudem beschäftigen Sie sich in dieser Woche gezielt mit Achtsamkeit. Sie werden gestärkt darin, sich achtsamer auf den gegenwärtigen Augenblick einzulassen. Eine wunderbare leicht in den Alltag zu integrierende Möglichkeit, das Leben zu entschleunigen.

Woche 2

In der zweiten Woche geht es um **Selbststärkungen.** Sie spüren Ihren inneren Kritiker auf, stoppen ihn gezielt und üben sich darin, sich selbst zu stärken und motivieren. Mithilfe der Übungen nutzen Sie Selbststärkungen als wahre Energiespender. Zudem lenken Sie den Blick darauf, sich selbst freundschaftlich zu begegnen. Durch dieses Mitgefühl mit sich selbst gewinnen Sie mehr Wohlbefinden und Zufriedenheit.

Woche 3

Diese Woche steht im Zeichen der **Vorstellungskraft.** Sie erfahren anhand der Übungen, wie viel Stärke und Optimismus Sie durch das bewusste Vorstellen von positiven Ereignissen und Momenten gewinnen können. Sie üben sich darin, die eigenen Zweifel zu besiegen und lenken Ihr Bewusstsein in Richtung dessen, was Sie sich wünschen. Erfolg beginnt im Kopf.

Woche 4

In der vierten Woche der Challenge geht es um **Anziehungskraft.** Die Übungen führen Sie dahin, Negatives loszulassen und zu vergeben, um so Raum für Neues zu gewinnen. Sie lernen, bewusst darauf zu achten, was Sie an Gedanken, Gefühlen, Worten und Handlungen aussenden. Wie ein Magnet ziehen Sie so Ihr Ebenbild an. Sie üben sich schlicht darin, die beste Version von sich selbst zu sein. Nach den vier Wochen erwarten Sie dann zum Abschluss der Challenge noch zwei zusätzliche ganz besondere Übungstage.

Und so funktioniert ICare

Bei der Challenge liegt der Schwerpunkt ganz klar auf dem Handeln. Daraufhin sind die 30 Übungen konzipiert. Jede einzelne Übung ist eine Möglichkeit, den Schalter umzustellen, um kleine Veränderungen zu bewirken. Nehmen Sie es daher mit den Übungen bitte sehr genau. Glauben Sie mir: Sie werden sich achtsamer verhalten und andere Erfahrungen machen. Wenn Sie mit der Challenge starten, werden Sie sofort positive Resultate sehen.

Jeder Tag der 30-Tage-Challenge stellt Sie vor die freie Wahl, sich in einer anderen Denk- und Verhaltensweise zu üben und so nachhaltige Ergebnisse zu erzielen. ICare kann Ihr Leben verändern – wenn Sie es wollen.

Das besondere daran ist, dass die Übungen einfach in den Alltag integriert werden können. Sie brauchen nicht extra einen Zeitplan zu erstellen, wann und wo Sie ICare durchführen. Es geht immer und überall. Equipment benötigen Sie auch nicht, außer dem Sai Sin, das Sie durch die Challenge begleitet. Halten Sie einfach jedes Mal, wenn Sie das Sai Sin erblicken, kurz inne, gehen Sie in sich und wenden die jeweilige Tagesübung an. Unabhängig davon, wo Sie sich gerade befinden, zu Hause, beim Autofahren, im Supermarkt oder beim Joggen. Da der Mensch laut neurobiologischer Forschungen zu ca. 95 Prozent unbewusst in Form automatisch ablaufender Verhaltensmuster reagiert, dient das Innehalten dazu, diesen Automatismus zu unterbinden. So entstehen Zeit und Raum, um genau wahrzunehmen, was in uns passiert und zu überlegen, wie wir darauf reagieren können. So können Sie ganz bewusst die Übung durchführen.

Jeder Tag bietet Ihnen eine Übung zum jeweiligen Wochenthema. Am besten lesen Sie sich die Übung morgens zum Start in den Tag durch, damit Sie die Übung den ganzen Tag über bewusst anwenden können. Sie könnten es sich zum Beispiel zur Gewohnheit machen, die Tagesübung direkt nach dem Aufwachen, vor oder nach dem Frühstück oder in der Bahn auf dem Weg zur Arbeit zu lesen. Der jeweils letzte Tag einer Woche bietet Ihnen Zeit, die vorherigen Tage noch einmal geistig Revue passieren zu lassen, um so gezielt das zu erkennen, was Ihnen guttat. Wenn Sie mögen, können Sie dazu Ihre Erfahrungen aufschreiben. Daher ist es hilfreich, wenn Sie sich bis zum siebten Tag ein ICare-Challenge-Heft anlegen, in dem Sie Ihre Gedanken festhalten. Zudem bereiten Sie sich am jeweils letzten Tag einer Woche auf die neue Woche vor, indem Sie die Einführung zu dem neuen Wochenthema lesen.

Die Aufgaben der 30-Tage-Challenge bauen aufeinander auf. Versuchen Sie daher, sich an die Abfolge der Übungen zu halten. Wenn Sie einen Tag ausgelassen haben, holen Sie ihn einfach nach. Denn jede der 30 Übungen bewirkt eine kleine Veränderung, die Sie achtsamer und zufriedener werden lässt.

Nun bleibt nur noch das Sai Sin umzubinden und loszulegen. Es ist so weit: ICare kann starten – Ihre 30-Tage-Challenge für mehr Achtsamkeit und Glück beginnt.

Ein Gramm Praxis ist so viel wert
wie tausend Tonnen Theorie.
[Asiatische Redewendung]

2. ICare: Die 30-Tage-Challenge

Die Woche der Dankbarkeit

Es geht los! Glauben Sie beim Start an sich und Ihr großes Ziel, die 30-Tage-Challenge zu meistern und so die Grundlage für einen dauerhaften positiven Umgang mit sich selbst zu schaffen. Ein Zitat des amerikanischen Automobilherstellers Henry Ford verdeutlicht die Wichtigkeit der inneren Einstellung: *„Ob Du glaubst, Du schaffst es oder ob Du glaubst, Du schaffst es nicht – Du wirst auf alle Fälle Recht haben."*

So etwas scheinbar Profanes wie dankbar zu sein, ist ein

wahres Geschenk, das wir uns selbst machen können. Gemeint ist nicht das routinierte „Danke“ im Alltag, das uns automatisch und unbewusst an der Kasse nach Erhalt des Wechselgeldes über die Lippen kommt, oder das höfliche „Dankeschön“ eines Kindes über ein Geschenk, das ihm eigentlich gar nicht gefällt. Wahrhaftig dankbar zu sein, hat nichts mit Pflicht oder Schuld zu tun. Es geht vielmehr darum, uns ganz bewusst auf die Wohltaten des Lebens zu besinnen, für die wir aufrichtig dankbar sein können. Und das bezieht sich nicht nur auf Materielles, sondern all das Gute, was uns umgibt.

Dankbarkeit ist eine intensive Form positiven Denkens, denn sie setzt nichts als selbstverständlich voraus. Wenn wir nur kurz innehalten und überlegen, wofür wir dankbar sind, dann haben wir in dieser Zeit nichts anderem Raum gewährt und nur positive Impulse gegeben und empfangen. Wir haben somit die Basis für eine wohltuende Grundstimmung geschaffen. „Danke“ ist schlicht ein schöner Gedanke, der ein tiefes Gefühl der Zufriedenheit und Freude in uns ausbreitet.

Eine Situation kann sich unvermittelt ändern, wenn wir den Blickwinkel wechseln. Wenn wir darauf achten, wofür wir dankbar sein können, anstatt uns auf das Negative zu konzentrieren. Das erzeugt wahre Powergefühle und gibt uns Kraft und Zuversicht. Es lässt uns aus dem Alltag ausbrechen und die vielen kleinen, schönen Geschenke des Lebens wahrnehmen. Dankbarkeit gibt so auch Kraft, um schwierige Zeiten durchzustehen.

Ich selbst habe auch die Challenge durchgeführt und kann mich noch gut an die Woche der Dankbarkeit erinnern. Sobald ich auf mein Sai Sin schaute, schoss mir geradezu etwas, worüber ich dankbar war, durch den Kopf. Stets fiel mir etwas Neues auf, dessen Existenz Dankbarkeit in mir auslöste. Das waren ganz unterschiedliche Dinge wie zum Beispiel meine Fähigkeit, laufen zu können, der Gesang der Schwalben, die hoch am Himmel pfeilschnell ihre Kreise zogen oder das unbeschwerte Lachen von einem Kind, das mit seinem Fahrrad an mir vorbeifuhr. Immer wieder sagte ich mir in Gedanken: „Ich bin dankbar für...", und bemerkte wie zufrieden ich dabei war. So bewusst und achtsam durch den Tag zu gehen, tat mir gut. Ich fühlte mich blendend, blickte auf mein Armband und sagte für mich: „Danke dir, Sai Sin." Mit Bedacht Dankbarkeit zu empfinden war einfach wunderbar.

Mir wurde klar, dass ich viele Dinge im Alltag für selbstverständlich erachtete, wie zum Beispiel eine warme Mahlzeit, Gesundheit oder die Heizung im Winter anzudrehen. Ich fing an, diese Dinge mehr zu würdigen und ganz gezielt wertzuschätzen und merkte, dass sich auf diese Weise mein Wohlbefinden steigerte. Im Englischen gibt es für dieses bewusste Aufzählen der Dinge, denen man dankbar ist, die Redewendung „count your blessings". Sich einfach einen kleinen Moment für sich zu nehmen, um bewusst all das Gute wahrzunehmen und wertzuschätzen, das uns umgibt.

Wir vergessen schlicht im geschäftigen Alltag, regelmäßig innezuhalten, um all das Dankenswerte des Lebens zu feiern. Und wer dankbar ist, kann positive Erfahrungen mehr genießen. Es ist daher ein regelrechter Glückskick, Gelegenheiten für das Gefühl der Dankbarkeit im Alltag zu finden und nutzen.

Dass sich Dankbarkeit positiv auf die psychische Gesundheit auswirkt, ist durch zahlreiche Studien belegt. Ist das nicht unglaublich? Die Zeitungen sind voller Nachrichten über das, was der Gesundheit schadet, doch so etwas Bahnbrechendes wie die neuesten Forschungsergebnisse über positive Wirkungen von Dankbarkeit findet sich darin nur selten. Dabei zeigen Untersuchungen, dass dankbare Menschen meist glücklicher und weniger gestresst oder bedrückt sind. Dieses Ergebnis bewog Forscher dazu, sich intensiver damit zu befassen, wie Dankbarkeit im Sinne einer vorbeugenden Maßnahme gegen negative Gefühlszustände gestärkt werden kann. So ließen die Forscher eine Gruppe von Test-Teilnehmern verschiedene Dankbarkeitsübungen anwenden, wie an eine Person, der man dankbar ist, zu denken oder ihr einen Brief zu schreiben. Die zweite Gruppe sollte schlicht darstellen, wie ihr Wohnzimmer aussieht. Was meinen Sie, wer sich im Anschluss besser fühlte? Genau, die Teilnehmer, die eine Dankbarkeitsübung praktiziert hatten. Die Verstärkung der positiven Gefühle war dabei umso größer, wenn an eine Person gedacht wurde, der man dankbar ist.

Die Effektivität von Dankbarkeit sollte also nicht ungenutzt bleiben. Profitieren wir von ihren positiven Effekten! Diese treten übrigens auch dann ein, wenn man die Dankbarkeit nicht äußerlich zum Ausdruck bringt, sondern nur still darüber nachdenkt.

Wenden wir Dankbarkeit regelmäßig an, werden wir zufriedener und gelassener. Dankbarkeit als Übung zu praktizieren, heißt, den Fokus von den Dingen, die uns gerade nicht passen hin zur Fülle in unserem Leben zu verschieben. Und zwar den großen als auch den kleinen positiven Dingen. Ganz allgemein dankbar dafür zu sein, was wir haben, auch wenn unser Leben nicht zu hundert Prozent perfekt ist. Hier macht die richtige Sichtweise den Unterschied. Die Einstellung „mehr wäre besser" oder „dies und jenes will ich haben" führt zu der Empfindung, dass wir ein Leben im Mangel führen. Sind wir stattdessen dankbar für all das, was wir jetzt haben, dann leben wir ein Leben voll wahren inneren Reichtums. Was nicht heißt, dass es nur noch Glücksmomente im Leben gibt. Wir richten unsere Aufmerksamkeit lediglich vermehrt auf die positiven Seiten des Lebens. Kleinere Schwierigkeiten berühren uns so weniger, da wir immer stärker darin werden, Erfahrungen aus der Perspektive der Fülle zu betrachten.

Dabei gibt es im Leben die ganz besonderen großen Dankbarkeitsmomente wie das Überstehen einer Krankheit, die Geburt eines Kindes oder nach einem Beinahe-Unfall. Genauso zu beachten sind die kleinen besonderen Momente wie das Spüren von Sonnenstrahlen auf der Haut, ein Spaziergang in der Natur, der unsere Sinne weckt oder ein unerwartetes Lächeln, das uns augenblicklich erwärmt. All die kleinen Geschenke, die uns den ganzen Tag über begegnen und begleiten. Wir müssen sie nur in unser Bewusstsein lassen.

Wir verpassen den gegenwärtigen Moment allerdings zu häufig, da wir der Vergangenheit nachhängen oder uns in die Zukunft beamen, in der alles viel schöner sein wird, nach dem Motto: „Wenn ich erst mal die Beförderung erreicht habe, dann wird alles besser." Ständig planen wir den nächsten Moment, in der Erwartung, dass von da an alles besser sein wird. Doch wir leben jetzt. Und genau dieses Jetzt gilt es, bewusst wahrzunehmen. Sonst verpassen wir den Augenblick, in dem wir uns gerade befinden. Lassen wir uns achtsam auf den Moment ein, nehmen wir auch viel intensiver wahr, für was wir dankbar sein können. Da wir uns selbst schlichtweg mehr Raum geben.

Das Konzept der Achtsamkeit befindet sich zurzeit auf einem Siegeszug durch die Wissenschaft. In zahlreichen Studien konnte belegt werden, dass sich ein Training der Achtsamkeit positiv auf unterschiedliche Erkrankungen und Belastungen auswirkt. Insbesondere zur Stressbewältigung haben sich achtsamkeitsbasierte Methoden bewährt. Wir sind produktiver und kreativer, wenn wir unsere Aufmerksamkeit auf den gegenwärtigen Moment richten, anstatt gedanklich ständig abzuschweifen. So können wir viel mehr Energie in das investieren, was wir gerade tun. Es heißt daher, achtsamer und dankbarer durch den Tag zu gehen, präsenter zu sein und dadurch mehr zu empfinden und genießen. Achtsamkeit als auch Dankbarkeit machen Augenblicke reicher und schaffen so ein Gegengewicht zu der enormen Beschleunigung in unserer Gesellschaft.

Schleichen sich mal wieder ungebetene negative Denkweisen oder ungute Gefühle ein, können wir durch bewusste Dankbarkeit aktiv gegensteuern. Anstatt sich mit dem zu quälen, was anders sein könnte, lieber darauf schauen, was an Gutem da ist. Worüber man dankbar ist, ist von Mensch zu Mensch unterschiedlich: für uns selbst, die eigenen, einzigartigen Talente und Fähigkeiten, unseren Körper, für die besonderen Menschen in unserem Leben, für Liebe und Freundschaft, für ein Kompliment, dafür, dass wir in einem Land ohne Krieg und Terror leben, dass wir uns weiterentwickeln oder für eine scheinbare Kleinigkeit wie ein leckeres Stück Käsekuchen oder dass die Sonne scheint.

Wann haben Sie sich das letzte Mal ganz bewusst dankbar gefühlt? Dankbar für all die guten Dinge in Ihrem Leben? Dankbar, gesund zu sein? Dankbar, im Grünen zu sitzen mit einem schönen Buch in den Händen?

Gehen Sie in sich und Sie werden verblüfft sein, für was Sie alles dankbar sein können. Und egal, wie niedergeschlagen oder unzufrieden mit sich selbst Sie irgendwann auch mal sein mögen, Sie werden immer etwas finden, für das Sie dankbar sind. Da bin ich sicher!

Woche 1
Die Woche der Dankbarkeit

Tag 1 | Starte mit einem Lächeln

Nun geht es endlich los! ICare: Ihre 30-Tage-Challenge zu mehr Achtsamkeit und Glück beginnt. Es sind nur drei Schritte notwendig, bevor Sie loslegen können:

1. Schließen Sie den Vertrag mit sich ab, ICare 30 Tage durchzuführen. Absichten bekräftigt man am besten damit, dass man sie schriftlich festhält. Den Vertragstext finden Sie im Anhang.
2. Lassen Sie sich das Sai Sin umbinden und sagen Sie dabei entschlossen: „ICare." Mit diesem Manifest gehen Sie voll innerer Bereitschaft in die Challenge.
3. Freuen Sie sich, denn Sie tun aktiv etwas für sich, Ihr Wohlbefinden und Ihre Persönlichkeit.

Nun sind Sie startklar für die erste Herausforderung.

Die Tagesaufgabe 1 lautet: **Lächeln Sie immer, wenn Sie – bewusst oder zufällig – auf das Sai Sin blicken.**

Lächeln Sie Ihr schönstes inneres und äußeres Lächeln. Sie haben definitiv einen triftigen Grund dazu: Ihren Entschluss, von nun an 30 Tage am Umgang mit sich selbst zu arbeiten. Erlauben Sie sich also, fröhlich zu sein. Ich bin mir sicher, dass Sie das Gefühl des Lächelns genießen werden.

Und lachen und lächeln hat eine große heilsame Wirkung: Wer lacht, tut sich selbst etwas Gutes. Lachen ist nicht nur Balsam für die Seele, sondern hinterlässt auch im Körper positive Spuren. Durch Lachen werden das Herz-Kreislauf-System und das Immunsystem nachweislich gestärkt. Lachen lockert verspannte Muskeln und befreit angestaute Emotionen. Am Prozess des Lachens sind 17 Gesichtsmuskeln beteiligt; im ganzen Körper sogar 80 Muskeln. Trainieren Sie also heute mal so richtig Ihre Lachmuskeln. Es wird Ihnen guttun. Das liegt auch daran, dass beim Vorgang des Lächelns das Glückshormon Endorphin ausgeschüttet wird. Dieses ist für den Abbau von Stress, physischem und psychischem, sowie für die Schmerzverarbeitung verantwortlich. Zapfen Sie Ihre körpereigene Glückstankstelle an!

Darüber hinaus wirkt sich Ihr Gesichtsausdruck auch auf Ihre Mitmenschen aus. Lächelnde Menschen werden von anderen sympathisch und ansprechend wahrgenommen, was

Kommunikationssituationen von vornherein positiv beeinflusst. Fragen Sie sich einfach selbst: Mit wem geben Sie sich lieber ab, mit einem fröhlich heiteren Menschen oder mit einem „Griesgram“?

Denken Sie heute immer wieder daran, wie wunderbar es ist, dass Sie etwas für sich selbst tun. Und lassen Sie sich von dieser Freude ein Lächeln ins Gesicht zaubern.

Nun sind Sie dran! Legen Sie los und lächeln Sie beim Start der Challenge dem Tag zu. Ihr Lächeln macht diesen Tag ganz gewiss schöner. Lächeln Sie gerade?

Wer den Tag mit einem Lachen beginnt, hat ihn bereits gewonnen.
[Cicero]

Schon gewusst?
Kinder lachen laut wissenschaftlicher Untersuchung 400-mal am Tag. Erwachsene nur 15-mal. Viel zu selten, oder?

Tag 2 | Die Kraft der 5

Heute ist der perfekte ICare-Tag. Kurze Momente des Innehaltens sind nämlich immer möglich. Lassen Sie es ruhig angehen und nehmen Sie sich Zeit für sich selbst und die heutige Übung. Nur wer sich Zeit nimmt, hat sie auch.

Am zweiten Tag Ihrer ICare-Challenge geht es um Dankbarkeit. Im Alltagstrott geraten Dankbarkeit und Wertschätzung allzu schnell in Vergessenheit. Wir nehmen vieles als selbstverständlich hin, da wir uns schlichtweg daran gewöhnt haben. Negative Dinge, die passieren, registrieren wir hingegen sofort, und behalten sie lange im Kopf, was sich dann auch nachteilig auf unsere Stimmung auswirkt.

Studien belegen, dass Dankbarkeit das Wohlbefinden steigert. Es werden mehr positive Gefühle erlebt, denn gute Laune und Dankbarkeit gehen Hand in Hand. Probieren Sie das heute einfach mal aus, üben Sie Dankbarkeit!

Dazu Ihre Tagesaufgabe 2: **Zählen Sie zum Start in den Tag an Ihren Fingern fünf Dinge ab, für die Sie dankbar sind und danken Sie jedes Mal, wenn Sie im Laufe des Tages auf das Sai Sin schauen, für ein oder mehrere Dinge in Ihrem Leben.** Verwenden Sie dafür immer die gleiche Formulierung, z. B.: „Ich bin dankbar für …"

Was ist und läuft gut an Ihrem Tag? Wofür sind Sie dankbar? Das kann Ihre Gesundheit sein, ein Lachen, Ihr

Lieblingssong im Radio, dass die Sonne scheint, ein Freund anruft oder einfach eine duftende Tasse Tee. Wenn Ihnen zu Beginn nicht direkt fünf Dinge einfallen, ist das kein Grund zur Beunruhigung. Die eigene Wahrnehmung ganz bewusst auf das Gute zu richten, erfordert etwas Training. Praktizieren Sie diese Übung daher mehrmals am Tag. Das Sai Sin erinnert Sie daran. Zur Anregung finden Sie im Anhang weitere Beispiele zur Tagesaufgabe.

Seien Sie dankbar und tun Sie sich damit selbst etwas Gutes. Viel Freude und Erfolg bei der heutigen Übung.

Ich bin dankbar, nicht, weil es vorteilhaft ist, sondern weil es Freude macht.
[Seneca]

Schon gewusst?
Am seltensten dankbar zeigen sich Menschen im Beruf. Dabei würden alle davon profitieren, denn Dankbarkeit steigert nachweislich die Motivation sowie die Loyalität der Mitarbeiter.

Tag 3 | Stopp!

Wie ist es Ihnen an den ersten beiden Tagen ergangen? Ist es Ihnen leichtgefallen, sich um sich zu kümmern? Jetzt heißt es, diesen Schwung mitzunehmen. Denn es ist Zeit, unnötigen Grübelattacken, Ihren Sorgen und Zweifeln die Rote Karte zu zeigen.

Am dritten Tag geht es um das bewusste Beenden unnötiger negativer Gedanken. Oft fängt es mit einem kleinen Grübeln an, das wie ein Brandbeschleuniger für negative Gedanken wirkt. Zack, sitzen wir im Gedankenkarussell der Sorgen, Zweifel und Ängste. Diese negativen ziellosen Gedankenschleifen sind absolute Stimmungskiller, sie liefern uns unangenehme Gefühle und körperliche Reaktionen wie Unruhe und Konzentrationsstörungen.

Lassen Sie es erst gar nicht so weit kommen, denn Sie haben die alleinige Macht über Ihre Gedanken. Sie bestimmen, was Sie denken.

Ihre Tagesaufgabe 3: **Sagen Sie „Stopp!“, wenn Sie anfangen zu grübeln oder negative Gedanken, die Macht über Ihren Tag zu übernehmen drohen.**

Sie sind der Chef. Wann immer Ihnen heute auffällt, dass Sie sich Sorgen machen, sich Ihr innerer Kritiker mal wieder austobt oder Zweifel in Ihnen aufkommen, sagen Sie, je nachdem, wo Sie sich gerade befinden, laut oder in Gedanken „Stopp!“. Schieben Sie den negativen Gedanken dann mit Nachdruck beiseite. Weg damit!

Atmen Sie tief durch und lenken Sie Ihre Aufmerksamkeit auf etwas Erfreuliches. Denken Sie an etwas Angenehmes oder an etwas, wofür Sie dankbar sind. Wie wäre es mit der „Kraft der 5“ von Tag 2?

Halten Sie heute öfter mal inne und achten Sie auf Ihre Gedanken. Ziehen Sie ganz bewusst die Reißleine, falls Sie in unnötiges Kopfzerbrechen verfallen. Zeigen Sie dem destruktiven Grübeln die Rote Karte. Das Sai Sin begleitet Sie durch den Tag und erinnert Sie stets daran, ICare zu betreiben.

Haben Sie einen tollen Tag! Wie fühlt es sich an, wenn Sie Ihren inneren Kritiker aufhalten? Ist es ein gutes Gefühl, das Zepter selbst in der Hand zu halten? Fällt es Ihnen leicht, der Dankbarkeit mehr Raum zu geben? Gewähren Sie ihr viel Platz, denn das ist die Basis für mehr Zufriedenheit und Glück.

Groll mit uns herumzutragen ist wie das Greifen nach einem glühenden Stück Kohle, in der Absicht, es nach jemandem zu werfen. Man verbrennt sich nur selbst dabei.

[Buddha]

Schon gewusst?

Neurowissenschaftliche Studien zeigen, dass sich emotionale Denk- und Verhaltensweisen auch noch im fortgeschrittenen Alter beeinflussen lassen. Die emotionalen Schaltkreise im Gehirn sind ein Leben lang formbar. Neue Verbindungen bilden sich aus, während ungünstige Synapsen gekappt werden. Positiv wirkende Hirnareale können so gezielt gestärkt werden. Also, sagen Sie: „Stopp!"

Tag 4 | Ehre, wem Ehre gebührt

Heute widmen Sie sich ganz der Dankbarkeit und Wertschätzung. Die heutige Übung können Sie jederzeit in Ihren Tag einbauen und mehrmals wiederholen. Vielleicht werden Sie davon so begeistert sein, dass Sie sie etliche Male betreiben.

Oft ist es uns gar nicht klar, wie gut es uns geht, und wie viel wir besitzen. Stattdessen hat das Mangeldenken uns im Griff und wir reden uns ein, wir hätten zu wenig von allem. Das führt zu Unzufriedenheit.

Daher geht es bei der heutigen Übung um das ganz bewusste Innehalten und darauf zu schauen, was Sie schon haben, anstatt immer zu fragen: „Was fehlt mir noch?" Machen Sie sich der kostbaren Dinge, die Sie in Ihrem Leben haben und die Sie umgeben, bewusst.

Dazu diese Tagesaufgabe 4: **Schätzen und würdigen Sie heute immer, wenn Sie auf das Sai Sin schauen, ganz bewusst alles in Ihrem Leben, was Sie haben. Ihre Wohnung, in der Sie sich zu Hause fühlen, das Auto, Freude an einer bestimmten Aufgabe im Job, gute Freunde, Gesundheit oder einen frisch gefüllten Kühlschrank.**

Sagen Sie sich zum Beispiel laut oder in Gedanken: „Ich bin froh, dass ich mit dem Auto zur Arbeit fahren kann." Vielleicht ist es nicht das modernste Modell in der angesagtesten Farbe, aber es ist Ihr Auto, das Sie sich verdient haben und das Ihnen treue Dienste leistet. Würdigen Sie das. Fokussieren Sie Ihre Wahrnehmung den ganzen Tag auf all das Gute, was zu Ihrem Leben gehört. Dieser wertschätzende Blick auf die guten Seiten löst geradezu eine Kettenreaktion aus, sodass wir immer mehr davon wahrnehmen. Wir genießen stärker all das Positive und erleben automatisch weniger negative Gefühle wie Groll, Eifersucht oder Schuld.

Sie werden bemerken: Man kann nicht gleichzeitig völlig unzufrieden, ärgerlich oder neidisch und dankbar sein.

Ich wünsche Ihnen viel Freude beim Dankbarsein. Ein toller Tag voller Entdeckungen liegt vor Ihnen.

Worauf noch warten? Fangen Sie direkt an: Was schätzen Sie in Ihrem Leben?

Du bist REICHER, als du denkst!

Denke nicht so oft an das, was Dir fehlt, sondern an das, was Du hast.
[Marc Aurel]

Schon gewusst?
Wenn Sie Essen im Kühlschrank, Kleider am Leib, ein Dach über dem Kopf und einen Platz zum Schlafen haben, sind Sie reicher als 75 % der Menschen, die auf der Erde leben.

Tag 5 | Achtsamkeit 1: Jetzt

Im stressigen Alltag gelassener bleiben und die Schönheit der Welt aufmerksamer betrachten – das wäre was, oder? Die heutige Übung führt Sie in die Welt der Achtsamkeit ein, den Schlüssel, um dem Alltag gelassener zu begegnen. Los geht's!

Achtsamkeit bedeutet einfach da zu sein, mit sich selbst und der Umwelt in Kontakt, sich zu öffnen für das, was gerade geschieht, und es auf sich wirken lassen. Bewusst und offen zu sein im Hier und Jetzt. Es geht um das „Wie“, die Haltung, mit der Sie etwas tun und wahrnehmen. Heute verändern Sie nichts an dieser Haltung, nicht Ihre Gedanken und auch nicht sich selbst. Sie lassen das, was geschieht, geschehen, ohne Bewertung. Sie nehmen lediglich bewusster wahr.

Sich achtsam auf den gegenwärtigen Augenblick einzulassen erscheint in unserer Gesellschaft der Beschleunigung und des Multitasking wie ein Gegengewicht. Wir haben es schlicht verlernt, einfach den Augenblick zu leben, ohne dabei schon den nächsten Moment zu planen. Daher starten wir als 5. Aufgabe mit einer Übung, die Sie sanft zu einer achtsamen Haltung hinführt:

Ihre Tagesaufgabe 5: **Nehmen Sie sich heute immer, wenn Sie auf das Sai Sin blicken, mal ganz bewusst einen Moment Zeit. Sagen Sie „Jetzt! ...“ und vollenden den Satz mit dem, was Sie in genau diesem Augenblick wahrnehmen.**

Das kann ein Gedanke, eine Emotion, eine Körperempfindung, ein Geruch, Geschmack oder ein Geräusch sein. Also zum Beispiel: „Jetzt spüre ich, wie die warme Sonne auf mein Gesicht scheint. Jetzt höre ich, dass ein Hund bellt. Jetzt ..."

Studien belegen, dass sich durch Achtsamkeitsübungen schon nach einer kurzen Zeit die Konzentrationsfähigkeit bessert. Trainieren Menschen ihre Achtsamkeit regelmäßig, sind sogar strukturelle Veränderungen im Gehirn zu beobachten. Das Angstzentrum, der Mandelkern, schrumpft und der Hippocampus gewinnt dagegen an Substanz. Damit geht eine Verbesserung der Gedächtnisfunktion und des Lernens einher. Das Training lohnt sich also, viel Spaß!

Haben Sie einen achtsamen Tag mit vielen schönen „Jetzt"-Momenten. Bewusstes Wahrnehmen ist gar nicht so schwer. Seien Sie nur wirklich da, wo Sie sind! Was ist gerade „Jetzt!.."?

Die einzige Wirklichkeit ist jetzt. Solange Du Vergangenem nachhängst oder Zukünftigem nachstellst, bist Du nicht wirklich hier, am Leben.
[Zen-Buddhismus]

Schon gewusst?
Die Firma Google bietet seit 2007 firmeninterne Achtsamkeitstrainings für ihre Mitarbeiter an. Über 1000 Mitarbeiter haben den Kurs bislang mit Erfolg absolviert, worüber die *New York Times* euphorisch berichtete. Die Warteliste für das viermal im Jahr stattfindende Programm ist permanent voll.

Tag 6 | Achtsamkeit 2: Alltag

Willkommen zum 6. Tag der ICare-Challenge! Heute dreht sich alles um den ganz normalen Alltag. Sie brauchen für die heutige Übung kein besonderes Equipment und müssen sich auch nicht extra Zeit dafür freischaufeln: wie bei allen Übungen von ICare.

Nachdem Sie gestern durch das besondere Forcieren Ihrer Wahrnehmung auf einen Moment den ersten Schritt in ein achtsames Leben gemacht haben, legen Sie heute in Sachen Achtsamkeit einen Gang zu.

Die Tagesübung 6 heißt: **Praktizieren Sie während Ihren ganz alltäglichen Routinehandlungen Achtsamkeit.**

Achten Sie zum Beispiel beim Duschen darauf, das warme oder kühle Wasser auf der Haut zu spüren und den Duft und die schaumige Konsistenz von Duschgel und Shampoo wahrzunehmen. Seien Sie voll und ganz da, im gegenwärtigen Moment. Schenken Sie Alltäglichem Beachtung: Wie schmeckt mein Frühstücksbrot, was ist eigentlich darauf? Welchen Geschmack hat die Zahncreme? Wie fühlt sich der Wind an, der mir beim Weg zur Bushaltestelle ins Gesicht weht? Wie riecht heute früh die Luft? Wie riecht sie auf dem Nachhauseweg?

Erleben Sie alles ganz bewusst. Die Übung besteht also darin, heute nichts anderes zu machen, sondern es anders zu machen. Diese Achtsamkeit im Alltag befähigt dazu, aus grüblerischen Gedanken auszusteigen und den tatsächlichen Moment wahrzunehmen.

Dies zu trainieren bewirkt in der Alltagshektik gelassener mit dem Leben umzugehen. Wir fühlen uns entspannter, unser Stresslevel sinkt und so verfügen wir über mehr Energie. Wir sind präsenter und kümmern uns mehr um uns selbst. Wie es schon ein altes Sprichwort sagt: Wer häufig in sich geht, ist weniger außer sich.

Der Blick auf Ihr Handgelenk, auf das Sai Sin, erinnert Sie den ganzen Tag über daran, die Übung zu praktizieren. Weitere Anregungen für eine achtsame Wahrnehmung finden Sie im Anhang.

Ich wünsche Ihnen einen schönen Tag mit vielen wunderbaren bewussten Momenten. Achten Sie darauf, wie Sie Ihren Alltag bewusst erleben. Ist etwas anders? Und: Seien Sie achtsam, auch mit sich selbst!

Wenn wir nicht ganz wir selbst sind, wahrhaft im gegenwärtigen Augenblick, verpassen wir alles.
[Thich Nhat Hanh]

Schon gewusst?
Studien zufolge hilft Achtsamkeitstraining bei der Behandlung von Angstsymptomen, chronischem Stress und Schmerzen. Die Rückfallhäufigkeit bei Depressionen verringert sich um bis zu 50 Prozent.

Tag 7 | Reflexion der ersten Woche

Heute ist bereits der letzte Tag der ersten Woche. Sie können richtig stolz auf sich sein! Wie fühlen Sie sich? Tut Ihnen ICare gut? Bei den Übungen am letzten Tag einer Woche geht es jeweils um Selbstreflexion.

Daher lautet die Tagesaufgabe 7: **Lassen Sie heute die vorherigen sechs Tage in Gedanken noch einmal Revue passieren. Nutzen Sie jedes Mal, wenn Sie auf das Sai Sin schauen, die Zeit, um in sich zu gehen.**

Was hat Sie überrascht und erstaunt? Was hatten Sie schon vergessen und wieder ganz neu entdeckt? Wie wirkt sich das Training auf SIE aus? Hat sich etwas verändert?

Nehmen Sie sich Zeit, um sich Ihren bisherigen Entwicklungs- und Lernprozess vor Augen zu führen. Würdigen Sie jede kleine Veränderung, die Sie bei sich beobachtet haben, und vor allem: Seien Sie stolz auf sich! Eine Woche aktive Arbeit an einem besseren Umgang mit sich selbst liegt hinter Ihnen. Würdigen Sie das. Wenn Sie mögen, können Sie Ihre Erfahrungen aufschreiben. Legen Sie sich ein ICare-Challenge-Heft an, in dem Sie Ihre Gedanken festhalten.

Die Selbstreflexion dient dem Zweck, Erkenntnisse über Vergangenes zu erlangen, die für künftiges Handeln genutzt werden können. Auf dieser Grundlage ist eine persönliche Weiterentwicklung überhaupt erst möglich. Oft verbinden wir mit dem Wort Reflexion das Nachdenken über Situationen, die nicht so gut verliefen. Aber es geht gerade auch darum, den Blick darauf zu richten, was gut war. Wenn wir uns gut fühlen, ist es enorm wichtig, sich darüber klar zu werden, warum das so ist. Sind wir uns nämlich über die Gründe im Klaren, ist der Zustand wiederholbar. Denken Sie also darüber nach, was Ihnen guttat – und wiederholen Sie es!

Was bewirkt ICare bei Ihnen? Haben Sie eine Veränderung in Ihrer Wahrnehmung oder Ihrem Verhalten bemerkt? Gehen Sie heute gedanklich die letzte Woche immer mal wieder durch. Das Sai Sin erinnert Sie verlässlich an diese kleinen Verabredungen mit sich selbst!

Wenn Sie Ihr Resümee der ersten Woche beendet haben, machen Sie sich startklar für die kommende Woche, indem Sie die Einführung dazu lesen. Die zweite Woche steht ganz im Zeichen der Selbststärkung, es wird regelrecht beflügelnd. Sie werden überrascht sein, wie stark Sie durch sich selbst sein können!

Kleine Taten, die man ausführt, sind besser als große, die man nur plant.

[George Marshall]

Schon gewusst?
Denken wir abends bewusst an die Dinge, die uns tagsüber erfreut haben, dann trainieren wir damit die Aufmerksamkeit auf Positives zu richten. Und das tut der Seele gut. Seien wir also den „Wohltätern" auf der Spur!

Resümee | 1. Woche

Die Woche der Selbststärkungen

Wir alle haben ein bestimmtes Bild davon, worin wir besonders gut und schlecht sind, was wir erreichen können und was nicht. Diese Vorstellungen sind die Folge unserer bisherigen Erfahrungen, verinnerlichten Werte und gesellschaftlichen Prägungen. Es sind innere Glaubenssätze, die wir im Laufe des Lebens unbemerkt angesammelt haben.

Die festen negativen Überzeugungen, die wir innerlich unbewusst abgespeichert haben, bremsen uns regelrecht aus. Sie beeinflussen unsere Gefühle und Handlungen. Kennen Sie Ihren inneren Nörgler, der Ihnen andauernd weismachen will, was Sie können und was nicht? Der Ihnen durch „geht nicht, schaff ich nicht, klappt nicht, macht man nicht" allen Mut nimmt und so mit Erfolg die Saat für Selbstzweifel legt? Dieser Miesepeter macht uns wahrhaftig unnötig das Leben schwer. Denn egal, was er sagt, wir stehen immer schlecht da. Es ist niemals konstruktiv. Da wir so an diese innere Stimme gewöhnt sind, vertrauen wir ihr blind, anstatt die Reißleine zu ziehen und selbst wieder das Kommando zu übernehmen.

Und so schafft es dieser Nörgler, dass wir gar nicht mehr auf objektive Erfolge achten, sondern nur noch unsere manipulierte subjektive Haltung bestimmt, ob wir zufrieden mit uns sind oder nicht. Dass wir glauben, nicht gut genug zu sein und uns mit Selbstzweifeln lähmen. Und Selbstzweifel zerstören Selbstvertrauen, nehmen Hoffnung, verhindern Erfolg, machen klein und nähren den inneren Kritiker immer stärker. Die Welt in unserem Kopf begrenzt uns so im wahren Leben. Unser einzigartiges Potenzial verstaubt ungenutzt. Das gilt es, zu ändern. Bis hierher und nicht weiter, ein ganz klares „Ende der Durchsage" an den Nörgler! Es heißt die Ärmel hochzukrempeln, die mentale Selbstsabotage zu beenden und die festgefahrenen Denk- und Gefühlsmuster zu ändern. Meist halten uns nämlich nur die Grenzen, die wir uns selbst setzen. Heben wir sie auf! Die Übungen in dieser Woche führen Sie daher Schritt für Schritt dahin, die hausgemachten Zweifel zu stoppen und zu hinterfragen.

Sie glauben das geht nicht? Dann glauben Sie an sich!

Jeder Mensch ist der Schöpfer seiner Gedanken, auch Sie. Wir können uns aufbauende, stärkende, positive und zuversichtliche Gedanken machen oder schwächende, negative, ängstliche und hasserfüllte Gedanken in uns ausbreiten. Wofür wir uns entscheiden hat allerdings schwerwiegende Folgen: Wer sich deprimierende Gedanken macht, fühlt sich deprimiert. Wer sich ängstliche Gedanken macht, verspürt Angst. Hoffnungslose Gedanken lassen uns hoffnungslos fühlen. Machen wir uns jedoch stärkende Gedanken, dann fühlen wir uns gestärkt! Es liegt an jedem selbst. Kein anderer Mensch auf der Welt kann unsere Gedanken denken. Was wir gerade jetzt, in diesem Moment denken, ist unsere Entscheidung. Über diesen Augenblick haben wir die Kontrolle. Wir müssen sie nur übernehmen.

Unsere Gedanken und Worte sind mehr als nur aneinandergesetzte Buchstaben und wir sollten ihnen daher mehr

Beachtung schenken und sie mit Bedacht wählen. Wie sehr uns Sprache berührt, merken wir bei einem heftigen Streit oder wenn wir einen Liebesbrief erhalten. Worte können uns tage- oder sogar jahrelang nachhängen. Die von anderen ebenso wie unsere eigenen. Die ausgesprochenen genauso wie die gedachten. Daher sollten wir genau hinhören, was wir uns den ganzen Tag lang in Gedanken selbst sagen und erzählen. Und bewusst die Verantwortung dafür übernehmen.

Selbststärkungen sind positiv formulierte Sätze, die wir ganz bewusst an uns selbst richten. Sie sind der Schlüssel, um uns mental die Tür in Richtung Zuversicht, Stärke und Glück zu öffnen. Worte, die uns Halt geben, anstatt den Boden unter den Füßen zu entziehen. Selbststärkungen bilden das solide Fundament, auf das wir sicher aufbauen können.

Es macht einen Unterschied, ob ich mir mehrmals täglich sage „Ich finde mich furchtbar, so wie ich bin“ oder „Ich mag mich, so wie ich bin“. Die Botschaft, die ich jeweils an mich selbst richte, hinterlässt tiefe innere Spuren. Wir können unsere inneren Dialoge durch Selbststärkungen positiv gestalten und sie so bewusst als Kraftquelle nutzen. Mit unseren Worten sind wir in der Lage, unsere eigene Laune, Motivation und Zuversicht positiv zu beeinflussen. Wir sind uns darüber nur oft nicht im Klaren. Plappern einfach darauf los, anstatt vorab zu bedenken, was wir uns da eigentlich sagen, und wie wir es tun. Fangen wir also an, auf unsere Worte zu achten. Das Gute daran ist auch hier, dass wir direkt kleine positive Veränderungen erzielen können. Kleine Kraftschübe, die einfach nur gut tun. Sofortige Energie ohne lange Wartezeit. Um unser Denken und damit unser Fühlen und Handeln dauerhaft zu beeinflussen, müssen selbstbejahende Sätze regelmäßig angewendet werden.

Sie sind skeptisch und meinen, das wäre doch viel zu einfach? Ihre Zweifel sind unbegründet, denn die positive Wirkung des bejahenden Denkens über sich selbst ist neurowissenschaftlich bewiesen. So belegt eine Untersuchung der Universität Ulm, dass ernsthaft und regelmäßig angewandte Selbstbejahungen zu einem positiveren Selbstbild und zu besseren Leistungen führen. Ein kurzes Fazit der Studie: „Es ist nicht egal, was jemand über sich denkt. Wer schlecht über sich denkt, antizipiert eigenes Versagen, gerät dadurch in Stress und versagt tatsächlich." Also, denken Sie gut und Gutes über sich!

Zunehmend beschäftigen sich Wissenschaftler auch mit dem Zusammenhang zwischen Gedanken und körperlicher Ebene. Eine Beziehung zwischen beiden erscheint offensichtlich. Wir alle kennen Redewendungen wie „Das ist mir auf den Magen geschlagen" oder „Das bereitet mir Kopfschmerzen". Der Emotionsforscher Daniel Goleman meint hierzu, dass quälende Gefühle krank machen, wohltuende Gefühle dagegen die Gesundheit fördern.

Das Zusammenspiel zwischen Gedanken, Emotionen und der körperlichen Ebene ist untrennbar miteinander verbunden. Gefühle gehen immer mit körperlichen Reaktionen einher. Wir reagieren umso deutlicher, je stärker die Gefühlsregung ist. Bei einem negativen angstbehafteten Gedankensturm, der regelrecht Stress im Kopf auslöst, werden zum Beispiel die Hormone Cortisol und Adrenalin ausgeschüttet. Sie gelangen direkt in die Blutbahn und wirken auf Herz, Gefäße, Magen und Darm. Blutdruck, Herzfrequenz und Blutzuckerspiegel steigen an. Unser Körper reagiert wie bei einer echt vorhandenen Gefahr. Und dabei produzieren wir diese Hormone allein durch die Reaktion auf unsere oftmals unbegründeten und übertriebenen negativen Gedanken. Wird Adrenalin nicht zügig abgebaut, breitet es sich immer stärker aus und führt so zu noch mehr stressfördernden Gedanken, die wiederum die Ausschüttung von Adrenalin anregen. Ein Teufelskreis, der sich negativ auf unsere Psyche und unseren Körper auswirkt.

Es kommt somit auf den „Input" an, auf die Gedanken, die wir in uns hineinlassen und die so Einfluss auf unsere Gefühle, unser Handeln und unseren Körper haben. Lassen Sie mich das Leben mit einer Party vergleichen. Auf einer Party wollen wir uns wohlfühlen und Spaß haben. Als Gastgeber entscheiden wir uns bewusst für behagliche und fröhliche Musik. Es soll schließlich eine schöne Zeit sein, in der auch gelacht und getanzt wird. Oder würden Sie bei einer Party den ganzen Abend melancholische und traurige Lieder spielen? Sicherlich nicht, denn das wäre im wahrsten Sinne des Wortes ein Trauerspiel. Ich denke, Sie verstehen, was ich meine: Sie sind der DJ Ihrer Party namens Leben, tanzen Sie! Und Selbststärkungen sind wunderbare Lieder, die Sie immer wieder auf Ihrer Party genießen können.

Ein passendes Beispiel dafür, welche bemerkenswerten Veränderungen man im Leben jederzeit durch Selbststärkungen und Optimismus erzielen kann, ist Louise L. Hay. Sie schrieb das meistverkaufte Lebenshilfe-Buch der Welt und ist geradezu eine Pionierin des positiven Denkens. Ich selbst hatte das große Glück, sie bei einer Veranstaltung persönlich zu erleben, was mich nachhaltig beeindruckt hat.

Die Ratgeber-Autorin lehrt nicht nur das positive Denken, sie strahlt es regelrecht aus. Anschaulich vermittelt sie, welchen Wert jeder Mensch in sich trägt und dass es nie zu spät für einen inneren Wandel sein kann. Das Leben stellte Louise L. Hay auf harte Proben. So hat sie erst mit über 40 Jahren nach einem bewegten Leben und einer schweren Erkrankung angefangen, sich mit positivem Denken auseinanderzusetzen und täglich Selbststärkungen anzuwenden. Dadurch erfuhr sie selbst, wie sich durch die Kraft der Gedanken Wohlergehen und Gesundheit positiv beeinflussen lassen. Ihr Leben beweist anschaulich, dass Veränderungen möglich sind, wenn wir es nur fest wollen und etwas dafür tun. Tun wir es also, nutzen wir die Kraft der Selbststärkungen!

Sie fragen sich gewiss, wie eine positive Selbststärkung überhaupt entwickelt wird. Das ist zum Glück ganz einfach: Formulieren Sie sie genau so, wie Sie es gerne hätten. Sie spüren am besten, was Sie gerade in diesem Augenblick benötigen. Das kann Ihnen niemand vorgeben. Sprechen Sie eine Selbststärkung einfach aus und horchen Sie dann in sich hinein. Was löst sie in Ihnen aus? Fühlen Sie sich wohl, dann bleiben Sie dabei. Hören Sie dagegen innere Zweifel und spüren, dass das irgendwie nicht Ihr Satz ist, probieren Sie eine neue Formulierung. Wählen Sie diejenige, zu der Sie „Ja" sagen können und bei der Sie ein richtig gutes Gefühl haben. Sie müssen sich damit wohlfühlen. Achten Sie darauf, dass Sie die Selbststärkungen in der Gegenwart formulieren. Also: „Ich bin gut" und nicht „Ich werde gut sein". Es ist wichtig, davon auszugehen, dass der Inhalt der Selbststärkung bereits existiert.

Zur Entfaltung eines achtsamen und positiven Umgangs mit sich selbst eignen sich folgende Selbststärkungen hervorragend:

- Ich mag mich so, wie ich bin,
  mit all meinen Stärken und Schwächen.
- Ich bin wertvoll.
- Ich sorge dafür, dass es mir jetzt gut geht.
- Ich bin ruhig und gelassen.

Sie finden im Anhang weitere Beispiele an Selbststärkungen für unterschiedliche Lebensbereiche. Wählen Sie die aus, die zu Ihnen passen, ändern Sie andere ab und formulieren Sie eigene.

Bei akuten Situationen, in denen sich der innere Miesepeter breitmacht und Ihnen den Mut nehmen will, gilt es sofort gegenzusteuern. Mit Selbststärkungen können Sie den Griesgram in die Flucht schlagen und eine Situation dadurch umkehren. Anstatt sich bildlich mit hängenden Schultern zur Schecke machen zu lassen, reagieren Sie souverän und erhobenen Hauptes.

Dadurch deuten Sie die Situation um, was die Psychologie „Reframing" nennt. Sie sehen die Situation in einem anderen Kontext und weisen ihr so eine andere Bedeutung zu. Durch den Ausbruch aus der starren subjektiven, negativen Denkweise verleihen Sie dem Ganzen einen anderen Rahmen und können so ganz neue Aspekte der Wirklichkeit erkennen. Das alte Eingrenzende muss verlassen werden, damit neue Deutungsmöglichkeiten entstehen können. Denn meist ist gar nicht eine Situation das Schlimme, sondern das, was wir daraus machen. Daher Schluss mit den „Worst-Case"-Gedanken! Diese „Was-wäre-wenn"-Sorgen sind meist völlig unbegründet und absolut unnötige Energieräuber. Denken Sie daran, unsere Worte können uns Kraft geben oder uns lähmen, Gefühle der Zuversicht oder der Traurigkeit in uns auslösen. Die Selbststärkungen sind ein wirksames und leicht anzuwendendes Mittel, um gezielt die Schwarzmalerei zu beenden und Situationen in einem positiven Licht zu sehen. Wahre Taschenlampen, die Ihnen den Weg leuchten.

Haben Sie Ihre Selbststärkungen gefunden, dann wenden Sie sie an, wenn Sie auf das Sai Sin blicken. Sprechen Sie die

Sätze laut oder sagen Sie sie gedanklich vor sich hin, wie es die Situation zulässt und Ihnen am besten gefällt. Das Ziel ist ja, die positive Bestärkung zu verinnerlichen und zum Teil Ihres Denkens zu machen. Bildlich gesprochen: Die alten negativen Denkmuster müssen raus aus den Schubladen und entsorgt werden, damit die neuen positiven Platz darin finden. Und das können Sie durch diese Technik erreichen. Wichtig ist die Kontinuität. Wenden Sie Ihre Powersätze daher häufig an. Sie haben zum Glück stets einen Helfer an der Seite, der Sie an das Training erinnert: das Sai Sin. Ich habe mich außerdem mit guten Gedanken umgeben, indem ich meine Selbststärkungen auf kleine Zettel geschrieben, an Plätzen in der Wohnung verteilt und mir die Sätze zudem als SMS geschickt habe. Auch Ihre Kreativität ist in dieser Woche bei einer Übung gefragt; Sie können gespannt sein!

Als ich die Woche der Selbststärkungen zum ersten Mal absolvierte, habe ich bemerkt, dass ich beim Anwenden von bejahenden Sätzen wie zum Beispiel: „Ich bin gut, so wie ich bin" auf einmal lächelte. Das hat mich ausgesprochen glücklich gemacht. Nach einer langen Zeit der Achtlosigkeit und des Trübsinns belohnte mich die Challenge mit wunderbaren positiven Gefühlen. Es tat einfach gut, sich selbst anzulächeln. Es fiel mir immer leichter, meine Aufmerksamkeit von Dingen abzuwenden, die negativ auf mich wirkten und stattdessen ganz bewusst Gedanken zu wählen, die mich stärkten und so zu einer Steigerung meines Wohlbefindens beitrugen. Ich war stolz auf mich.

Und genau dieses Wohlwollen sich selbst gegenüber ist ganz zentral. Sich selbst so viel Freundlichkeit, Verständnis und Zuwendung zu gewähren wie einem guten Freund. Aufhören, sich fortwährend zu bewerten und selbst zu verurteilen. Stattdessen Selbstmitgefühl zeigen. Das bedeutet nicht, dass die ganze Wahrnehmung nur noch selbstverliebt um das eigene Ego kreist. Es heißt vielmehr, Verständnis für die eigenen Fehler zu entwickeln, sich gänzlich anzunehmen, so wie man ist.

Wird Selbstmitgefühl kultiviert, bauen wir Stück für Stück unsere emotionale Widerstandskraft auf. Wir sind in der Lage, schwierige Situationen besser zu meistern und werden nicht direkt bei einem negativen Ereignis aus der Bahn geworfen. Denn da ist jemand, der uns Freundlichkeit erweist und Geborgenheit vermittelt: wir selbst. Destruktive Muster wie Furcht und Negativität werden so gezielt unterbunden und durch das Gefühl friedlicher Verbundenheit und Akzeptanz ersetzt.

In den USA haben Studien bewiesen, dass uns ein gestärktes Selbstmitgefühl hilft, gelassener mit Rückschlägen fertigzuwerden, für begangene Fehler die Verantwortung zu übernehmen und uns stärker vor Krisen bewahrt. Wir lösen uns nach und nach von Selbstvorwürfen.

Und, ganz nebenbei, wenn man sich selbst wertschätzt, fällt es viel leichter, Anerkennung auch von anderen anzunehmen und echte Empathie für sie zu empfinden. Das Tolle ist, dass die Fähigkeit, sich selbst mehr oder weniger

Mitgefühl zu zeigen, nicht angeboren ist, wie zum Beispiel unsere Augenfarbe. Wir können Selbstmitgefühl trainieren und so innerlich stärker, gelassener und zufriedener werden. In dieser Woche machen Sie sich anhand der Übungen auf in das große Wohlbehagen Selbstmitgefühl. Sie werden sehen, Selbstmitgefühl ist ein besserer Motivator und Mutmacher als Selbstkritik. Die Selbststärkungen unterstützen Sie dabei. Wenn Sie es beherzt angehen, ist Ihr innerer Nörgler plötzlich nichts mehr als ein unbewaffneter Gegner, der gegen Ihr Selbstmitgefühl, Ihre positiven Gedanken und mächtigen Selbststärkungen keine Chance hat.

Also, auf in die nächste Woche und seien Sie gut zu sich!

30 Tage.
Achtsamkeit.
Glück.

»Do you care too?«

Sandra Boltz | ICare – Die Challenge
30 Tage. Achtsamkeit. Glück.
€ 14,95 [D] | ISBN 978-3-89901-844-8

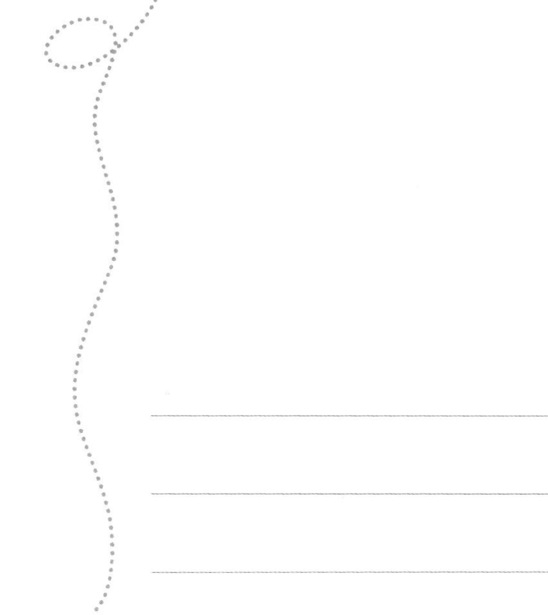

jkamphausen
weltinnenraum.de

Woche 2

Die Woche der Selbststärkungen

Tag 8 | Urlaub für den inneren Kritiker

Willkommen in der zweiten Woche von ICare! Ab heute dreht sich sieben Tage lang alles um die Wichtigkeit und Kraft von Selbststärkungen. Nutzen Sie Ihr Potenzial! Machen Sie sich durch für Sie bedeutsame Worte stark, aus ganz eigener Kraft.

Negative Glaubenssätze sind feste Ansichten über uns selbst, die wir in unserem Unterbewusstsein abgespeichert haben. Sie stellen innere Barrieren dar, die unsere Empfindungen und Handlungen stark beeinflussen. Zudem wirken sie sich negativ auf unser Selbstvertrauen und unsere Selbstachtung aus. Die negativen Glaubenssätze funktionieren wie eine Brille, durch die wir die Welt manipuliert wahrnehmen. Es gilt, wieder klar zu sehen! Doch bevor wir den negativen Ansichten über uns entgegenwirken können, müssen wir sie erst einmal erkennen.

Bei der heutigen Tagesübung 8 geht es daher zunächst darum, Ihren inneren Kritiker aufzuspüren: **Achten Sie ganz bewusst auf Ihre eigenen Gedanken über sich selbst. Wie kommentieren Sie innerlich Ihr Handeln? Wenn Sie dabei Negatives entdecken, wie zum Beispiel: „Ich Versager" oder „Das werde ich nie lernen" stoppen Sie sofort diesen Gedankengang. Denken Sie ihn nicht weiter. Sagen Sie Ihrem inneren Kritiker: „Du hast jetzt frei!".**

Nehmen Sie sich einen Moment Zeit, um die negativen Ansichten zu hinterfragen. Entsprechen diese Überzeugungen überhaupt der Wahrheit? Tun Sie Ihnen gut? Oder legen Sie sich damit nur selbst Steine in den Weg?

Nutzen Sie heute den „Urlaub für den inneren Kritiker" ganz bewusst, um einmal darüber nachzudenken. Das Sai Sin erinnert Sie auch heute immer wieder an Ihre Aufgabe des Tages.

Ich wünsche Ihnen einen schönen und erkenntnisreichen Tag. Sie werden sehen, es lebt sich sehr gut ohne den inneren Kritiker. Wie wäre es daher, den Urlaub für den Nörgler und Motivationskiller einfach zu verlängern? Sie sind schließlich der Chef.

Urlaub
für den
inneren
Kritiker.

Glaube nicht alles, was Du denkst.
[unbekannt]

Schon gewusst?
Wir denken jeden Tag ungefähr 50.000 Gedanken. Diese täglichen Selbstgespräche laufen meist unbeachtet ab. Wir sollten mehr darauf achten, was uns so alles durch den Kopf geht, und das denken, was uns guttut.

Tag 9 | Change your words, change your world

Durch die eigenen Worte zufriedener und erfolgreicher werden – das wäre gut, oder? In den folgenden Challenge-Tagen geht es genau darum! Die Übungen erscheinen Ihnen vielleicht ähnlich, die feinen Unterschiede sind jedoch bedeutend. Die heutige Übung zeigt Ihnen, welche Macht unsere eigenen Worte besitzen, und wie wir diese effektiv nutzen können.

Nachdem Sie gestern Ihren inneren Kritiker aufgespürt und verbannt haben, geht es heute daran, die Art Ihrer Selbstdialoge zu ändern. Dafür gibt es ein wunderbares mentales Werkzeug: Selbststärkungen.

Selbststärkungen sind positiv formulierte Sätze, die wir zu unserer eigenen Unterstützung einsetzen können. Wir geben uns durch Selbststärkungen einen Zuspruch, den uns kein anderer bieten kann. Die bejahende Botschaft besitzt eine für uns ganz eigene Bedeutsamkeit und entfaltet daher eine enorme Kraft in uns. Mit Selbststärkungen können wir Blockaden lösen und so festgefahrene, hindernde Gedankenstrukturen nach und nach durch positive Gedankenmuster ersetzen. Es liegt in Ihrer Hand oder treffender gesagt in Ihren Worten.

Die Tagesübung 9 lautet: **Reden Sie heute gut mit sich selbst. Verändern Sie heute negative innere Dialoge in positive annehmende Selbstgespräche. Stärken Sie sich immer, wenn Sie auf das Sai Sin schauen, mit positiven Worten und JA-Sätzen. Anstatt sich selbst zu kritisieren, sprechen Sie sich gut zu: „JA! Ich schaffe das. JA! Ich vertraue meiner inneren Stärke. JA! Ich bin gut, so wie ich bin. JA! Ich ...“**

Sagen Sie die Selbststärkungen mit Nachdruck und voll innerer Willenskraft. Wenn es die Situation ermöglicht, sprechen Sie die Worte laut und deutlich aus.

Formulieren Sie gezielt das Gewünschte. Anstatt schwarzzumalen, was schieflaufen könnte, denken Sie gut über sich und nehmen Sie so in Ihrer Vorstellung den Erfolg vorweg. Sie nehmen bewusst Einfluss auf sich selbst, auf das, was Sie glauben und fühlen. Es ist Ihre Wahl. Seien Sie sich dessen stets bewusst: Sie entscheiden über Ihre Worte und Gedanken.

Haben Sie einen wunderbaren Tag und genießen Sie die Auswirkungen der Arbeit mit den kleinen sprachlichen Kraftpaketen. Grübeln Sie noch oder „selbststärken“ Sie sich schon?

Die Gedanken, die wir wählen, sind die Werkzeuge, mit denen wir die Leinwand unseres Lebens bemalen.

[Louise L. Hay]

Schon gewusst?

An sich selbst zu glauben bringt Erfolg. Untersuchungen zeigen, dass Personen mit einem starken Glauben an die eigenen Fähigkeiten mehr Erfolge im Berufsleben und größere Ausdauer bei der Bewältigung von Aufgaben haben. Sie verfügen über eine höhere „Selbstwirksamkeitserwartung". Albert Bandura prägte diesen psychologischen Begriff in den 1970er-Jahren. Er bezeichnet die Erwartung, durch das eigene Handeln etwas bewirken und auch schwierige Situationen bewältigen zu können.

Tag 10 | Mut tut gut!

Mangelt es Ihnen manchmal an Motivation? Dann ist die heutige Übung genau das Richtige für Sie! Denn heute geht es in Sachen Selbststärkungen noch einen Schritt weiter. Nachdem Sie Ihre negativen Glaubenssätze aufgespürt, verbannt und positiv umformuliert haben, nutzen Sie Selbststärkungen heute als wahre Energiespender und können Ihren mentalen Akku so richtig aufladen.

Im Laufe des Tages gibt es immer mal wieder Situationen, in denen wir einen Anschub brauchen. Wir fühlen uns erschöpft und demotiviert, was fehlendes Vertrauen in die eigenen Handlungsfähigkeiten nach sich ziehen kann. Höchste Zeit, die Kraft unserer Worte und Gedanken für uns zu nutzen.

Dazu Ihre Tagesaufgabe 10: **Achten Sie darauf, was Sie heute besonders gut machen, bereits gut gemacht haben und was für Sie enorm gut gelaufen ist. Loben Sie sich ganz bewusst dafür. Worauf können Sie extrem stolz sein? Arbeiten Sie mit Selbststärkungen, wie: „Ich mache meine Sache richtig gut!“ oder „Ich glaube an mich und meine Fähigkeiten!“**

Machen Sie sich dabei selbst größer, indem Sie sich buchstäblich aufrichten. Rufen Sie sich in Erinnerung, was Sie schon alles geleistet und erreicht haben. Bestärken Sie sich, machen Sie sich Mut, seien Sie stolz auf sich!

Sie können sich auch für erfolgreiche Zwischenschritte belohnen. Machen Sie Ihre Lieblingsmusik an und lassen Sie sich von ihr aufladen. Gönnen Sie sich fünf Minuten Ruhe, um durchzuatmen und neue Kraft zu sammeln. Wichtig ist, dass Sie dabei die Selbststärkungen anwenden, denn sie füllen Sie mit Energie und Zuversicht. Lassen Sie sich Ihren mentalen Powerriegel schmecken! Auf in einen Tag voller Motivation und Erfolg! Würdigen Sie, was Sie heute so richtig gut machen. Loben Sie sich, motivieren Sie sich, feuern Sie sich an.

Wir sind, was wir denken. Alles, was wir sind, entsteht aus unseren Gedanken. Mit unseren Gedanken formen wir die Welt.
[Buddha]

Schon gewusst?
Die Daten der internationalen Schulleistungsstudie PISA belegen, dass die Motivation der Schüler entscheidend für den Lernerfolg ist. Motivierte Schüler lernen besser.

Tag 11 | Zünde Deine Feuer

Heute lassen Sie es so richtig brennen – dadurch, dass Sie mehr und mehr Verantwortung für Ihre Gedanken übernehmen. Ein gutes Mittel, um innerlich gestärkt durch den Tag zu gehen und allen Herausforderungen, die Ihnen begegnen, freudig entgegenzulächeln. Seien Sie Feuer und Flamme für sich selbst!

Nachdem Sie nun schon drei Tage Selbststärkungen üben, werden Sie heute ein Meister dieses Fachs. Das Denken und die Wahl unserer Worte in positive Bahnen zu lenken, sollte zur treuen Gewohnheit werden. An einem besseren Umgang mit sich selbst zu arbeiten, erfordert jedoch Konsequenz. Das ist genau wie beim Training im Fitnessstudio. Übung macht den Meister.

Ihre Tagesübung 11 lautet daher: **Stellen Sie sich jedes Mal, wenn Sie auf das Sai Sin blicken, vor, es wäre eine Zündschnur. Ihre Aufgabe ist es, diese mit Selbststärkungen zu entflammen.**

Motivieren Sie sich heute den ganzen Tag mit Selbststärkungen und – vor allem – haben Sie Spaß dabei. Lassen Sie es „glühen“! Programmieren Sie Ihr Unterbewusstsein auf Vertrauen in sich selbst, Zuversicht und Erfolg. Also, entflammen Sie sich und Ihr Leben! Sie werden sehen, es wird Ihnen wohl und warm ums Herz. Entzünden Sie Ihr Feuer!

Einige Gedanken-Formulierungen zur Inspiration:

- Ich bin voller Selbstvertrauen.
- Ich bin voller Energie.
- Ich erreiche meine Ziele.
- Ich bin motiviert.
- Ich habe es verdient, ein gutes Leben zu haben.
- Ich kann mit allen Situationen gut umgehen.
- Ich bleibe bei Stress ganz ruhig.
- Ich verdiene es jetzt, glücklich zu sein.
- Ich bin gut so, wie ich bin.

Weitere Beispiele finden Sie im Anhang.

Bringe Licht und das Übel verschwindet in einem Augenblick.
[Swami Vivekananda]

Schon gewusst?
Laut der Gallup-Studie 2013 liegt mangelnde Motivation am Arbeitsplatz meist an dem leidenschaftslosen Führungsstil der direkten Vorgesetzten. Bei häufigem Zuspruch und Lob steigt dagegen die Motivation der Mitarbeiter messbar.

Tag 12 | Mein bester Freund

Heute geht es um Ihre Beziehung. Und zwar um die mit sich selbst. Stehen Sie sich selbst verlässlich zur Seite, in guten wie in schlechten Zeiten? Wann haben Sie sich das letzte Mal etwas Gutes getan oder gesagt? Heute nehmen Sie einmal Ihr Verhältnis zu sich selbst unter die Lupe und tun etwas dafür.

Wie gehen Sie mit sich selbst um? Oft behandeln wir niemand anderen so schlecht wie uns selbst. Unsere permanente innere Selbstverurteilung und unablässige Selbstkritik würden wir keinem anderen zumuten. Um diese destruktiven Muster zu vermeiden, können wir uns selbst gegenüber Mitgefühl aufbringen. Die Beziehung, die wir mit uns selbst haben, ist schließlich die bedeutsamste und längste Beziehung unseres Lebens.

Selbstmitgefühl bedeutet, sich selbst bedingungslose Freundlichkeit entgegenzubringen und Geborgenheit zu bieten; sich selbst ein Freund zu sein. Das Beste dabei ist, dass wir 24 Stunden für uns selbst da sind, was ein Freund in aller Regel nicht ist.

Die Tagesübung 12 stellt Sie vor diese Herausforderung: **Seien Sie heute Ihr bester Freund! Und sprechen Sie heute mit sich, wie Sie dies auch mit anderen, sehr guten Freunden tun. Seien Sie gut zu sich selbst und üben Sie sich in Selbstmitgefühl.**

Muntern Sie sich auf, loben Sie sich, laden Sie sich spontan zum Kaffee ein, trösten Sie sich, wenn etwas nicht so gut läuft und klopfen Sie sich zwischendurch einfach mal so auf die Schulter. Zeigen Sie sich, dass Sie immer da sind. Behandeln Sie sich so, wie Sie Ihren besten Freund behandeln würden. Achten Sie dabei auch auf Ihre Sprache. Wie reden Sie mit sich selbst? Benutzen Sie liebevolle, aufbauende Worte. So wie bei einem Freund. Gehen Sie nachsichtig mit sich um, verurteilen Sie sich nicht und unterlassen Sie Selbstkritik. Das Sai Sin erinnert Sie den ganzen Tag an Ihre Freundschaft mit sich selbst!

Studien belegen, dass Mitgefühl mit sich selbst eine sehr wirkungsvolle Möglichkeit ist, Wohlbefinden und Zufriedenheit im Leben zu gewinnen. Zudem löst Selbstmitgefühl einen faszinierenden Effekt aus. Wenn wir zu uns selbst fürsorglich sind, wird das Hormon Oxytocin ausgeschüttet, das Gefühle wie Furcht und Besorgnis verringert und positive Zustände wie Optimismus und Verbundenheit fördert. Wir sind zufriedener und Zufriedenheit macht jeden Moment besser.

Ich wünsche Ihnen einen tollen Tag mit Ihrem besten Freund an der Seite. Sie werden sicher davon schwärmen, wie wunderbar es ist, sich selbst mit Respekt und Mitgefühl zu behandeln. Wer gut zu sich ist, hat jede Menge Rückendeckung. Leisten Sie sich also heute viele Freundschaftsdienste, es lohnt sich. Fangen Sie gleich an! Wie reden Sie mit einem guten Freund? Reden Sie genau so – mit sich selbst!

Ein jeder gibt den Wert sich selbst.
[Friedrich Schiller]

Schon gewusst?
Die meisten Menschen glauben, man müsse selbstkritisch sein, um Erfolg zu haben. Forschungen der Psychologin Kristin Neff an der Universität von Texas in Austin beweisen genau das Gegenteil: Wer sich nicht verurteilt, ist motivierter Neues zu lernen, kommt besser mit Rückschlägen des Lebens zurecht und zeigt höhere soziale Kompetenzen im Umgang mit anderen Menschen.

Tag 13 | Hand aufs Herz

Hand aufs Herz: Sagen Sie auch wirklich „JA" zu sich selbst? Heute ist der Tag, sich zu sich selbst zu bekennen! Nachdem Sie sich selbst gegenüber Freundschaft gezollt haben, geht es heute einen Schritt weiter: Um ein klares bedingungsloses Bekenntnis zu sich selbst. Sich voll und ganz mit seinen Stärken und Schwächen anzunehmen, bildet das Fundament für ein gefestigtes Selbstvertrauen. Das führt dazu, dass wir uns gut mit uns selbst fühlen, was die Grundvoraussetzung für ein zufriedenes und glückliches Leben ist.

Die Tagesübung 13 lautet: **Entscheiden Sie sich heute, wann immer Sie auf das Sai Sin schauen, ganz bewusst für sich. Legen Sie die Hand auf Ihr Herz und atmen Sie tief ein und aus. Geben Sie Ihrem Herzen Raum, sich auszudehnen. Sagen Sie sich dann „Ich mag mich, so wie ich bin" oder „Ich liebe mich, so wie ich bin".**

Falls Sie Zweifel oder Unbehagen bei dem Bekenntnis spüren, lassen Sie den inneren Störenfried nicht zu Wort kommen. Schließlich haben Sie ihn schon vor Tagen in den Urlaub geschickt. Erinnern Sie sich? Denken Sie daran, was Sie mit den letzten Übungen trainiert haben. Verbannen Sie destruktive Gedankenmuster, ändern Sie Ihre Worte und Gedanken und vor allem: Schätzen Sie sich selbst.

Sagen Sie „JA" zu sich selbst und stärken Sie sich! Diese völlige Selbstannahme wird ein Lächeln in Ihnen erzeugen. Selbstablehnung kann uns nicht verbessern. Das können nur Verständnis, Liebe und vollkommene Selbstannahme. Sie sind einzigartig, etwas ganz Besonderes, ohnegleichen. Sind Sie sich dessen eigentlich bewusst? Niemand auf dieser Welt lächelt so wie Sie. Lassen Sie sich durch die heutige Übung Ihre Einmaligkeit ins Gesicht zaubern!

Haben Sie einen wunderbaren Tag. Wie fühlt es sich an, bedingungslos „JA“ zu sich selbst zu sagen, ohne Wenn und Aber? Das tut gut, oder? Genießen Sie dieses unübertreffliche Gefühl der Selbstannahme.

Die schlimmste Einsamkeit besteht darin, sich selbst nicht leiden zu können.
[Mark Twain]

Schon gewusst?
Mit dem Begriff Selbstbild wird in der Psychologie die Vorstellung, die jemand von sich selbst hat, bezeichnet. Das Selbstwertgefühl hängt stark davon ab, wie man sich selbst sieht. Menschen mit einem positiven Selbstbild haben nicht nur mehr Vertrauen zu sich selbst und in die eigenen Fähigkeiten, sondern auch in ihre Mitmenschen.

Tag 14 | Reflexion und „Wünsch Dir was!“

Heute ist der letzte Tag der zweiten Woche. Zeit, auf die großartige Arbeit zurückzublicken, die Sie bisher geleistet haben. Zudem ist heute Ihre Kreativität gefordert; es wird also spannend!

Zwei Wochen ICare liegen nun schon hinter Ihnen. Sie können wirklich stolz auf sich sein! Zum Abschluss der Woche der Selbststärkungen geht es wieder um Selbstreflexion.

Ihre Tagesaufgabe 14: **Lassen Sie die letzte Übungswoche noch einmal an Ihrem geistigen Auge vorbeiziehen. Nehmen Sie sich immer, wenn Sie auf das Sai Sin blicken, einen Moment Zeit, um Rückschau zu halten. Was hat das Training der zweiten Woche bei Ihnen bewirkt? Was ist Ihnen in dieser Woche gut gelungen? Haben Sie etwas über sich selbst gelernt? Hat sich etwas an Ihrem Verhalten geändert?**

Denken Sie daran, nicht nur auf Dinge zu achten, die Ihnen vielleicht nicht so leichtfielen. Richten Sie Ihr Augenmerk vielmehr darauf, was positiv war und Ihnen guttat. Wie schon beim Reflexionstag der ersten Woche gilt: Kennen wir die Gründe für unser Wohlergehen, können wir diesen positiven Zustand immer wieder bewusst herbeiführen. Wissen Sie, was Ihnen guttut?

Wenn Sie mögen, schreiben Sie Ihre Erfahrungen auf. Sie können auch jetzt noch ein ICare-Challenge-Heft anlegen.

Da diese Woche im Zeichen der Selbststärkungen stand, erhalten Sie dazu noch eine besondere Aufgabe. Was ist Ihre liebste Selbststärkung? Diese sollten Sie auf jeden Fall weiterhin anwenden und mit in Ihren Alltag nehmen. Bei der Art und Weise wie, ist nun Ihre Kreativität gefragt.

Gestalten Sie Ihre Selbststärkung! Schicken Sie sich Ihren Lieblingssatz der Woche, Ihre Lieblingsübung oder Ihren schönsten Mutmacher als SMS oder per E-Mail. Machen Sie diese Worte zum Bildschirmschoner, nehmen Sie sie mit dem Handy oder Computer auf und hören Sie sie sich an. Lassen Sie Ihrem Ideenreichtum freien Lauf. Davon haben Sie jede Menge, da bin ich ganz sicher.

Das Tolle dabei ist, dass Sie durch Ihr kreatives Potenzial etwas erschaffen, was Ihnen einen fantastischen Nutzen bringt: Es bleibt! Jedes Mal, wenn Sie Ihren bejahenden Satz sehen oder hören, bewirkt er einen inneren Kraftschub. Zudem verinnerlichen Sie die Selbststärkung mehr und mehr. Nutzen Sie also die Möglichkeit, dass die Selbststärkung Sie auf unterschiedlichen Wegen erreicht und erfüllt.

Erweisen Sie sich heute also selbst eine Ehre, indem Sie Ihre großartige Arbeit dieser Woche noch einmal rekapitulieren und Ihre Kreativität bewusst einsetzen. Sie können zudem voller Vorfreude auf die nächste Woche blicken, die im Zeichen der Vorstellungskraft steht. Lesen Sie bitte wieder die Einführung dazu, dann sind Sie optimal gewappnet. Es wird faszinierend, das kann ich Ihnen schon mal verraten.

Auf in die Woche der Vorstellungskraft!

Glaube an Deine Kräfte. Wenn Du an Deine Stärke glaubst, wirst Du täglich stärker.
[Dalai Lama]

Meine liebste Selbststärkung:

Schon gewusst?
Kreativität liebt Ruhe, in der sie sich entfalten kann. Sind wir von äußeren Störungen abgeschirmt, kommen uns die kreativsten Einfälle. Fantasie braucht auch mal Leere und Stille. Gerade aus der sogenannten Langeweile entsteht viel Neues. Und: Fantasie liebt neue Blickwinkel. Ein Ortswechsel, und sei es der vom Schreibtisch auf die Couch oder vor die Tür, setzt neue Gedanken frei.

Resümee | 2. Woche

Die Woche der Vorstellungskraft

Wissen wir von vornherein, wie wir eine Sache angehen und können uns das schon so richtig vorstellen, dann klappt es meistens auch. Haben Sie das schon mal erlebt?

Wir besitzen die Fähigkeit, uns Dinge vor dem inneren Auge bildhaft vorzustellen; ein Großteil unserer Gedanken spielt sich in Bildern ab. Wir können uns ganz bewusst ein schönes Erlebnis aus der Vergangenheit in Erinnerung rufen oder ausmalen, was wir zukünftig gerne erreichen würden. Wir sind sogar in der Lage, unsere Vorstellungskraft dazu zu nutzen, um uns gut zu fühlen, denn wir können damit Einfluss auf unsere Gefühle nehmen. Wenn wir uns etwas vorstellen, läuft ein Film in unserem Kopf ab. Der Regisseur sind wir selbst und so können wir entscheiden, was für Filme in unserem Kopfkino laufen. Drama oder Happy End – es liegt an uns.

Unsere Kraft und Energie fließt genau dahin, wohin wir unsere Aufmerksamkeit lenken. Zu häufig konzentrieren wir uns jedoch gerade auf das, was wir nicht wollen, was schlecht läuft oder lief. All unsere Energie wird so in die falsche Richtung gelenkt. Was kein guter Einsatz ist.

Sportler nutzen die Kraft der inneren Bilder schon lange, um sich gezielt auf Wettkämpfe vorzubereiten. Die mentale Stärke wird ebenso trainiert wie das rein sportliche Können. Die meisten Leistungssportler haben einen Mentaltrainer an ihrer Seite. Schließlich nützt die beste körperliche Verfassung und das perfekte Beherrschen der einzelnen Bewegungsabläufe nichts, wenn der Kopf nicht mitspielt. Mentale Stärke festigt nicht nur das körperliche und seelische Wohlergehen, sondern auch die Leistungsfähigkeit. Nicht nur bei Sportlern, sondern bei jedem Menschen. Arbeiten wir gezielt mit mentalen Methoden wie der Vorstellungskraft, kann dies faszinierende Resultate erbringen.

Ein eindrucksvolles Beispiel ist die Heldentat des Flugkapitäns Chesley Sullenberger im Jahr 2009. Als in seinem Airbus mit 155 Menschen an Bord zwei Triebwerke ausfallen, landet er das Flugzeug auf dem Hudson River in New York und rettet damit allen Insassen das Leben. Eine Notlandung auf dem Hudson River! Die Medien sprechen anschließend von einem Wunder. Vorrangig war jedoch eines passiert: Sullenberger verlor trotz des scheinbar unausweichlichen Absturzes der Maschine nicht die Nerven. Stattdessen bewies er, dass er punktgenau das leisten konnte, was er jahrzehntelang trainiert hatte. Schließlich ist er in seiner Vorstellung immer wieder Schritt für Schritt das geforderte Verhalten bei einer Notlandung durchgegangen. Und konnte es so im tatsächlichen Notfall geradezu routiniert abrufen. Gedanken und Vorstellungen sind eine wahre Kraftquelle. Profitieren auch wir von unseren enormen mentalen Ressourcen!

Wir können unsere Vorstellungskraft dazu nutzen, um uns Kraft und Schwung aus den Erfolgserlebnissen und schönen Augenblicken unseres bisherigen Lebens zu holen. Im Alltag besteht die Gefahr, unsere Erfolge zu schnell aus den Augen zu verlieren. Auf das, was wir mit viel Kraftanstrengung, Verzicht und Überwindung erreicht haben, können wir zu Recht stolz sein. Kehren wir die eigenen Erfolge nach dem Motto: „Ach, das ist doch nicht der Rede wert“ unter den Teppich oder lassen sie in Vergessenheit geraten, machen wir sie klein und bedeutungslos. Füllen wir sie andererseits bildhaft mit Leben, können wir dieses positive Gefühl als Motivationsschub für die Gegenwart und Zukunft nutzen. Denken Sie also an Erfolge, nicht an Fehlschläge. Mit Erfolgen sind dabei nicht nur bestandene Prüfungen, sportliche Siege oder bedeutende berufliche Leistungen gemeint. Es geht um jede für uns wichtige herausragende Leistung. Vielleicht haben Sie selbstbewusst vor anderen Ihre eigene Meinung vertreten, tapfer eine Diät durchgehalten oder couragiert einem anderen Menschen geholfen. Erfreuen Sie sich an diesen Erfolgserlebnissen ebenso, wie an den schönsten und kostbarsten Augenblicken Ihres Lebens.

Das können ganz große Momente des Lebens, wie eine Reise in ein fernes Land oder ein besonderes Fest wie die Hochzeit sein. Genauso lohnend sind die kleinen Momente, wie ein wichtiger Zuspruch eines besonderen Menschen, ein Tanz im Regen oder barfuß am Meer entlangzugehen. Sie können diesen wahren inneren Reichtum immer wieder neu beleben. Nutzen Sie dabei alle Sinne. Hören Sie erneut, was gesagt wurde, riechen Sie die salzige Meeresluft oder spüren Sie die Wärme einer Umarmung. Gehen Sie in sich und Sie werden erstaunt sein, an was sich Ihre Sinne erinnern. Was nicht heißt, sich in der Vergangenheit zu verrennen. Es gilt vielmehr, den Schwung aus diesen einzigartigen Erlebnissen und Momenten des Lebens mitzunehmen und zu nutzen. Es wäre schade, diese Schätze einfach in Vergessenheit geraten zu lassen und ihr kraftspendendes Potenzial nicht zu gebrauchen.

Wunderbar wohltuende Chill-out-Momente können Sie sich auch durch die Vorstellung Ihres persönlichen Wohlfühlortes schaffen. Gehen Sie dazu einfach in Ihrer Vorstellung an einen Ort, an dem es Ihnen besonders gut geht. Das kann ein Strand sein, an dem Sie einen schönen Urlaub verbracht haben, Ihr Lieblingsplatz als Kind, der Steg an einem See, an den Sie gute Erinnerung haben oder auch ein ausgedachter Ort Ihrer Träume. Sie werden sehen, Sie fühlen sich dort augenblicklich entspannt und sicher aufgehoben.

Hintergrund ist: Die Neurowissenschaft geht davon aus, dass innere Bilder Verschaltungsmuster von Nervenzellen sind. Haben sich diese einmal herausgebildet, kann man immer wieder darauf zurückgreifen. Sie haben sozusagen auf Ihrer mentalen Festplatte viele kleine Kostbarkeiten abgespeichert. Diese warten nur darauf von Ihnen angeklickt, geöffnet und genossen zu werden. Lassen Sie die positiven Erinnerungen regelmäßig ablaufen, verstärken Sie sie zudem. Eine gute Investition, die sich schnell auszahlt. Die Übungen dieser Woche führen Sie Schritt für Schritt genau dahin.

Wir können unsere Vorstellungskraft außerdem dafür einsetzen, uns ein ganz konkretes Bild davon zu machen, was wir gerne erreichen möchten. Das kann ein Verhalten sein, wie zum Beispiel achtsamer mit sich selbst umzugehen oder eine tatsächliche Situation. Vielleicht steht bei Ihnen bald eine Präsentation im Team oder ein Vortrag vor Kunden an. Gewiss wollen Sie dabei selbstbewusst, souverän und sicher agieren. Stellen Sie sich genau das vor! Anstatt sich detailliert auszumalen, was alles schieflaufen könnte und so Selbstzweifel zu schüren, stellen Sie sich lieber vor, wie Sie die Aufgabe mit Bravour meistern. Gehen Sie die einzelnen Schritte anschaulich durch: wie Sie die Anwesenden begrüßen, wie gut Sie sich fühlen, wenn Sie erst einmal die ersten Sätze gesagt haben und dann ganz in Ihrem Element sind, wie sicher Sie durch die Präsentation oder den Vortrag leiten und wie brillant Sie sich fühlen werden, wenn Sie am Ende Applaus oder zustimmende Blicke der Zuhörer erhalten. Stellen Sie es sich genau so vor, wie Sie es gerne haben möchten und genießen Sie das Gefühl dabei. Glücklich, zufrieden und voller Selbstbewusstsein, da Sie es geschafft haben.

Je intensiver die inneren Bilder und je stärker sie mit Emotionen verbunden sind, desto effektiver ist das bewusste Vorstellen. Es ist wichtig, dass Sie an das, was Sie sich vorstellen, auch wirklich glauben, es erreichen wollen und schließlich Maßnahmen einsetzen, um ans Ziel zu kommen. Das hieße im genannten Beispiel, eine bestmögliche Präsentation oder einen packenden Vortrag zu erarbeiten und vorab mögliche

Rückfragen der Zuhörer durchzugehen. Das Visualisieren versetzt Sie dabei in die Lage, Situationen wesentlich bewusster zu gestalten. Sie können direkt Einfluss auf Situationen nehmen, die Ihnen zum Beispiel Angst bereiten, indem Sie sich vorab in sie hineinversetzen. Verhalten Sie sich dann in Ihrer Vorstellung so, wie Sie es gerne tun würden. Anstatt Negatives vorab schon eine zukünftige Situation beherrschen zu lassen, greifen Sie aktiv ein und antizipieren Gutes. Gehen wir einer Situation nämlich voll negativer Emotionen entgegen, wird dadurch das Repertoire unserer Reaktionen eingeschränkt. Es lähmt uns innerlich. Negative Gefühle lassen eine Situation wesentlich bedrohlicher erscheinen, was uns dann verunsichert und einschränkt. Positive Gefühle bereiten hingegen ganz anders auf eine Handlung vor. Sie öffnen Räume für Veränderungen und Weiterentwicklung. Das bringt uns konstruktiv weiter. Der erfolgreiche Tennisspieler Andre Agassi sagte einmal: *„Ich habe Wimbledon 10.000 Mal im Kopf gewonnen.“* Was er sich immer und immer wieder vorstellte, wurde 1992 Realität. Dieses Erfolgskonzept hört man von Spitzensportlern immer wieder.

Setzen auch Sie Ihre Gedanken wirkungsvoll für das Erreichen Ihrer Ziele ein. Gehen Sie daher den Schritt in das Kraftzentrum Vorstellungskraft und nutzen Sie dieses enorme Potenzial. Die ersten guten Resultate werden nicht lange auf sich warten lassen. Erfolg beginnt im Kopf, wir müssen es nur zulassen. Es ist wie bei der Nike-Werbung: „Just do it!“.

Seien Sie ehrlich, hegen Sie Zweifel, ob Sie sich Situationen überhaupt bildlich vorstellen können? Keine Sorge, es geht hier nicht um Gedankenspiele wie das exakte Vorstellen eines 2,20 Meter großen rosa Elefanten, der auf einem Bein steht und mit dem Kopf nickt. Es geht um etwas, was Ihnen ganz vertraut ist. Visualisieren kann nämlich jeder, wir praktizieren diese Technik automatisch und regelmäßig. Immer, wenn wir uns in Gedanken die schlimmsten Katastrophen ausmalen, die in Zukunft passieren könnten oder wenn wir uns an längst vergangene unangenehme Situationen erinnern, dann stellen wir uns diese bildlich vor. Wir gebrauchen unsere Fähigkeiten dann allerdings im negativen Sinne. Höchste Zeit, unsere Vorstellungskraft für positive Bilder zu nutzen. Ganz im Sinne von Harry Emerson Fosdick:

Stelle Dich lebhaft als geschlagen vor
und Triumph wird unmöglich werden.
Stelle Dich lebhaft als Sieger vor
und das alleine wird unermesslich
zu Deinem Erfolg beitragen.

Machen wir uns also Bilder vom Besten! Genehmigen wir uns diese Stärkung. Es ist ein lohnenswertes „Geschäft". Eine Untersuchung des amerikanischen Managementberaters Al Secunda über die Angewohnheiten erfolgreicher Menschen zeigt, dass sie sich täglich in Gedanken mit ihren Zielen beschäftigen. Vielfach direkt nach dem Aufwachen. Al Secunda rät, sich jeden Morgen mindestens 15 Sekunden lang anschaulich vorzustellen, dass man sein Ziel bereits erreicht hat.

Ich habe mir übrigens in der dritten Woche meiner Challenge vorgestellt, wie wunderbar ich mich nach den 30 Tagen fühlen werde. Voller Stolz und Zufriedenheit über meine Leistung. Und genau so ist es gekommen! Das bewusste Trainieren meiner Vorstellungskraft hat etwas Erstaunliches bewirkt: Neigte ich vor ICare dazu, das Glas eher „halb leer" zu sehen, war es nun fast immer „halb voll". Ich ging optimistischer durchs Leben, da ich meinen Fokus ganz bewusst auf das Positive richtete. Beim Blick in die Vergangenheit, Gegenwart und Zukunft. Der immer achtsamere Umgang mit meinen Gedanken und Gefühlen hatte fantastische Nebenwirkungen. Er ermutigte mich immer weiter und hat sich so zu einer Aufwärtsspirale entwickelt. Ich stellte mir vor, von nun an fortwährend so positiv und gestärkt durch das Leben zu gehen. Sah mich in Gedanken ganz souverän mit innerer Stärke und voller Verantwortung für mein Leben und Glück. Das Bild gefiel mir. „Ich schaffe das", sagte ich zu mir selbst. „Ich kann das." Mittlerweile war mir klar, welche Kraft man aus den eigenen Gedanken zieht. Ich musste an einen Song aus den 90er-Jahren denken: „I've got the power". Power hatte ich, stetig mehr. Und zwar mentale Power! Sie auch – da bin ich sicher!

Sich etwas bildhaft vorzustellen, öffnet unser Bewusstsein für ganz neue Möglichkeiten. Und falls Sie immer noch denken, das wären doch nichts als Luftschlösser: Ohne Luftschlösser gäbe es auch keine wirklichen Schlösser. Auch das Brandenburger Tor in Berlin und die Freiheitsstatue in New York waren zunächst nichts als künstlerische Vorstellungen, bevor sie zu realen Konstruktionen werden konnten. Also los, einfach tun!

Woche 3

Die Woche der Vorstellungskraft

Tag 15 | Geschafft! Rauf aufs Siegerpodest!

Vor dem Start von wichtigen Wettkämpfen halten Sportler oft die Augen geschlossen, da sie sich detailliert die Bewegungsabläufe und auch ihren Erfolg vorstellen. Sie visualisieren, dass sie schon gewonnen hätten. Für Sie fällt nun der Startschuss der dritten Woche von ICare, die im Zeichen der Vorstellungskraft steht. Starten auch Sie mit dem Erfolg vor Augen!

Wir alle kennen die Redensart „Das bildest Du Dir nur ein." Diese beinhaltet mehr als nur ein Körnchen Wahrheit. Wir machen uns nämlich ständig Bilder von uns selbst, davon wie wir uns sehen, wie wir gerne wären, was passiert ist oder passieren könnte. Das Gute daran ist, dass wir bestimmen können, was sich in unserem Kopf abspielt. Diese Chance gilt es, zu ergreifen. Sie sind der Regisseur Ihres Kopfkinos. Nutzen Sie Ihre Vorstellungskraft positiv, um sich gut zu fühlen.

Zum Einstieg in die Woche der Vorstellungskraft machen Sie sich Ihre bisherigen Erfolge noch einmal sichtbar.

Die Tagesübung 15 lautet: **Erinnern Sie sich heute jedes Mal, wenn Sie auf das Sai Sin blicken, an einen Erfolg in Ihrem Leben.**

Das kann eine bestandene Prüfung, ein 10-Kilometer-Lauf, eine gehaltene Rede, ein Vertragsabschluss, ein Rendezvous, die Schlichtung eines Streits, die Fertigstellung eines Großprojekts, die Überwindung der eigenen Angst oder ein gewonnenes Spiel sein. Weitere Beispiele finden Sie im Anhang. Stellen Sie sich bildlich in allen Einzelheiten vor, wie wunderbar dieser Erfolg war. Rufen Sie sich alles noch einmal genau in Erinnerung. Die Freude, die Zufriedenheit, den Stolz. Spüren Sie diese Gefühle, als wäre es jetzt.

Wir neigen im Tempo des Alltags dazu, uns öfter an das zu erinnern, was nicht so gut lief, als an das, was wir Gutes geleistet haben. Dabei stärkt genau dieses bildhafte Vorstellen der vergangenen Erfolge und das Sich-daran-Erfreuen enorm das Selbstvertrauen. Es erzeugt das Gefühl einer großen Zufriedenheit mit sich selbst. Gehen Sie heute also bewusst in sich und dann rauf auf das Siegerpodest. Das sind Sie! Haben Sie das heute stets vor Augen.

Haben Sie einen guten Start in die dritte Woche und zwar jetzt gleich! An welches Erfolgserlebnis erinnern Sie sich als Erstes? Was haben Sie gerade konkret vor Augen? Fühlen Sie erneut die Freude und die Zufriedenheit mit sich selbst und genießen Sie das „Geschafft"-Gefühl!

Manche Leute sagen, lauf zum Puck. Ich laufe dorthin, wo der Puck einmal sein wird.
[Wayne Gretzky, Eishockeystar, über sein Erfolgsrezept]

Schon gewusst?
2006 ist von der Stiftung Deutsche Sporthilfe die Hall of Fame des deutschen Sports gegründet worden. Die Hall of Fame erinnert an Menschen, die durch ihren Erfolg oder durch ihren Einsatz für Sport und Gesellschaft Geschichte geschrieben haben. Das Sichtbarmachen vergangener Leistungen dient so als Motivation und Inspiration für nachfolgende Generationen.

Tag 16 | Meine Augenblicke

Bestimmt gab es Momente in Ihrem Leben, die so wunderschön waren, dass Sie am liebsten die Zeit angehalten hätten. Heute erwartet Sie eine Übung, mit der Sie genau diese Momente immer wieder nachempfinden können. Ist das nicht wunderbar? Auf ins Glück!

Nachdem Sie sich gestern Ihre bisherigen Erfolge noch einmal ganz lebendig ins Gedächtnis gerufen haben, nehmen Sie sich nun im nächsten Schritt Zeit für die schönsten und kostbarsten Augenblicke Ihres Lebens. Die Momente, die Ihr Herz zum Strahlen gebracht haben.

Die Übung 16 dazu: **Visualisieren Sie heute, immer wenn Sie auf das Sai Sin blicken, schöne Momente, die Sie erlebt haben.**

Das kann ein Urlaub sein, eine schöne Feier, ein Sonnenuntergang am Meer, ein gutes Gespräch, das Verliebtsein, der Moment, als Sie Ihr Kind zum ersten Mal im Arm gehalten haben, eine Schneeballschlacht oder ein Lachanfall mit Freunden. Weitere Beispiele befinden sich im Anhang. Rufen Sie sich alles genau in Erinnerung und stellen Sie es sich bildlich detailliert vor. Wie haben Sie sich in genau jenem Augenblick gefühlt? Spüren Sie das Gefühl, als wäre es jetzt!

Das Visualisieren ist umso effektiver, je intensiver Ihre inneren Bilder sind und je stärker sie mit Emotionen verbunden sind. Rufen Sie sich also viele Einzelheiten in Erinnerung. Hören Sie zum Beispiel noch das Wellenrauschen am Strand? Das Knirschen des Schnees? Wie fühlte sich der erste Hautkontakt mit Ihrem Partner, Ihrem Kind an? Die Erinnerung an einen Geruch, einen Geschmack, ein Geräusch oder eine Empfindung kann Ihre positiven Gefühle massiv verstärken. Lassen Sie all die wunderbaren Augenblicke Ihres Lebens immer und immer wieder leuchten und duften und genießen Sie diesen wahren inneren Reichtum.

Los geht es in einen Tag voll wunderschöner Augenblicke! Sie werden überrascht sein, wie detailliert Sie sich Ihre besonderen Momente noch einmal vorstellen können. Wie Ihre Sinne wieder spüren, riechen, sehen und schmecken können. Gönnen Sie sich heute immer mal wieder kurze Vorstellungen des Glücks und holen Sie sich neuen Schwung aus Ihren persönlichen Augenblicken!

Gute Erinnerungen tragen unser Leben.
[Japanische Weisheit]

Schon gewusst?
In Bronnie Wares Bestseller „Fünf Dinge, die Sterbende am meisten bedauern" lautet einer der Punkte: „Ich wünschte, ich hätte mir erlaubt, glücklicher zu sein." Viele Sterbende bereuen, die besonderen Momente ihres Lebens nicht ausreichend ausgekostet beziehungsweise erst gar nicht zugelassen zu haben. Lassen Sie das nicht zu.

Tag 17 | Zweifellos!

Selbstzweifel können wirklich hartnäckig sein. Immer mal wieder lassen sie sich blicken. Heute geht es den Zweifeln daher so richtig an den Kragen, Sie schlagen sie mit ihren eigenen Waffen: Heute sollen Sie zweifeln - an Ihren Zweifeln!

Selbstzweifel sind lähmend, sie bremsen uns in unseren Handlungen und geben uns das Gefühl, nicht gut genug zu sein. Sie blockieren uns durch einschränkende Gedankenmuster, die nichts mit der Realität zu tun haben. Wir malen uns ja nur aus, was Schlimmes passieren könnte. Die Folge: Die Welt in unserem Kopf begrenzt uns im wahren Leben. Unsere Fähigkeit zu zweifeln, gilt es endlich mal positiv zu nutzen.

Dazu Tagesübung 17: **Fragen Sie sich heute immer wieder, wie berechtigt Ihre Selbstzweifel eigentlich sind. Suchen Sie dann konkret nach Gegenbeispielen, die**

Ihren Selbstzweifeln die Kraft entziehen. Stellen Sie sich, wenn ein Selbstzweifel sich breitmacht, bildlich eine andere schwierige Situation vor, die Sie trotz Hindernissen bewältigt haben. Heute dürfen Sie „Ja, aber" sagen, aber umgekehrt!

Statt Ihr eigenes Licht unter den Scheffel zu stellen, erinnern Sie sich lebhaft an Situationen, die Sie mit Bravour gemeistert haben – trotz vorheriger Zweifel. Das kann zum Beispiel ein Vorstellungsgespräch gewesen sein, ein schwieriges Kundengespräch, der Sprung in die Selbstständigkeit, eine Diät durchzuhalten oder die eigene Meinung vertreten zu haben. Lassen Sie diese positiven Erlebnisse genau vor Ihrem inneren Auge ablaufen und spüren Sie, wie befreiend es ist, die eigenen Zweifel zu besiegen. Gibt es überhaupt objektive Beweise für Ihre Zweifel? Haben Sie Ihre Selbstzweifel bisher eingeschränkt oder weitergebracht? Gehen Sie der Sache gründlich nach. Das Sai Sin erinnert Sie auch heute wieder an die Tagesaufgabe.

Reißen wir die von uns selbst gebauten Mauern aus Selbstzweifeln ein, ergibt sich eine wundervolle Sicht auf uns und das Leben. Wir sind uns des eigenen Werts sicherer und fühlen uns den Herausforderungen des Lebens besser gewachsen. Zweifeln Sie also nicht an Ihren Fähigkeiten. Lassen Sie die Selbstzweifel nicht zu, sie sind wahre Saboteure Ihres Glücks.

Auf in den 17. Tag der Challenge und raus aus dem Käfig der Selbstzweifel. Befreien Sie sich von diesen Begrenzungen. Zweifeln Sie so richtig an Ihren Zweifeln!

Den größten Fehler, den man im Leben machen kann, ist immer Angst zu haben, einen Fehler zu machen.

[Dietrich Bonhoeffer]

Schon gewusst?

Selbstzweifler können im Urlaub nicht wirklich entspannen und fühlen sich schneller als andere wieder unerholt. In einer Studie der University London wurden die Teilnehmer anhand von Persönlichkeitsfaktoren in Selbstzweifler und Nichtzweifler unterteilt. Beide Gruppen wurden in einen Kurzurlaub geschickt. Nach dem Urlaub zeigten sich deutliche Unterschiede: Sobald die Selbstzweifler wieder an ihrem Arbeitsplatz und dem alltäglichen Stress im Job ausgesetzt waren, wurden sie müde und erschöpft. Der Urlaub hielt bei ihnen nicht lange an, im Gegensatz zu den Nichtzweiflern.

Tag 18 | Imagine

Am 18. Tag der ICare-Challenge erwartet Sie ganz großes Kino. Sie kreieren Bilder von dem, was Sie sich wünschen! Und sind dabei Regisseur, Hauptdarsteller und Zuschauer in einem.

Die Seattle Seahawks haben 2014 in den USA den Super Bowl gewonnen. Neben einer intensiven körperlichen Vorbereitung stand noch etwas ganz anderes auf dem Trainingsplan: Kopfkino. Jeden Tag haben sich die Spieler den Moment des Sieges vorgestellt. Es hat gewirkt!

Nachdem Sie bisher mental mit Ihren Erfolgen, Ihren schönsten Augenblicken sowie Situationen, die Sie trotz Zweifel gemeistert haben, gearbeitet haben, geht es heute auch für Sie um zukünftige Dinge.

Übung 18 lautet: **Heute ist das Sai Sin Ihre Fernbedienung. Lassen Sie jedes Mal, wenn Sie darauf blicken, immer wieder vor Ihrem inneren Auge Ihren persönlichen Erfolgsfilm ablaufen. Darin spielen Sie die brillante Hauptrolle. Erschaffen Sie Bilder von dem, was Sie gerne erreichen möchten.**

Wie sieht der Arbeitsplatz in Ihrer Wunschfirma aus? Wie würden Sie die nächste Situation, in der es auf Selbstvertrauen ankommt, gerne meistern? Wie schaffen Sie ein wichtiges berufliches oder privates Gespräch? Wie fühlen Sie sich, wenn Sie Ihr Wunschgewicht erlangt oder endlich auf einen wichtigen Menschen zugegangen sind? Wie fühlen Sie sich, wenn Sie Ihr Ziel erreicht haben? Stellen Sie es sich in sämtlichen Einzelheiten vor. Achten Sie wieder darauf, dass die positiven Gedankenbilder mit guten Emotionen verbunden sind. Dies verstärkt die Wirkung der Übung massiv.

Da sich beim dauerhaften Visualisieren mentale Akzeptanz einstellt, lenken Sie Ihr Bewusstsein in die Richtung des Gewünschten. Erfolg beginnt im Kopf. Programmieren Sie Ihr Bewusstsein auf die anvisierten Ziele. Die Zukunft wird so für einen Augenblick zur Realität in Ihrem Bewusstsein, woraus sich eine richtige Sogwirkung entwickelt, die Sie zum Handeln motiviert.

Zur Inspiration finden Sie auch zu dieser Übung weitere Beispiele im Anhang.

Fangen Sie jetzt sofort an. Ab in das eigene Kino und das laufen lassen, was Sie gerne erreichen möchten. Ihren eigenen Erfolgsfilm und zwar filmpreiswürdig. Genießen Sie die Vorstellung. Film ab!

Der menschliche Geist kann alles vollbringen, woran er glaubt.
[Napoleon Hill]

Schon gewusst?
Bereits mit Anfang 30 war der Komponist Ludwig van Beethoven praktisch taub. Bemerkenswerter Weise schuf er trotz seiner stark eingeschränkten Hörfähigkeit in den nächsten Jahrzehnten ein umfangreiches und beeindruckendes Werk. 1824 komponierte er die berühmte 9. Sinfonie: Ein musikalisches Meisterwerk, das die Jahrhunderte überdauert – und das er selbst nur in seiner Vorstellung hören konnte.

Tag 19 | Ich bin begeistert!

Heute gilt es einen Sturm der Begeisterung zu entfachen. Es liegt an Ihnen, diesen Tag entweder mit Vorfreude oder mit Missmut anzugehen. Entscheiden Sie sich für Enthusiasmus und erwarten Sie heute nur Gutes. Der Tag wird Sie reichlich belohnen!

Neue Erkenntnisse der Hirnforschung zeigen, dass sich beim Zustand der Begeisterung das Gehirn selbst regelrecht aufputscht. Es werden Stoffe gebildet, die für alle Wachstums- und Umbauprozesse von neuronalen Strukturen benötigt werden. Das Gehirn entwickelt sich also genau so, wie und wofür es mit Begeisterung benutzt wird. Darum werden wir auch bei Dingen, die wir mit Enthusiasmus und voller Interesse machen, so schnell immer besser. Dieses Potenzial der Begeisterung machen Sie sich heute zunutze.

Tagesübung 19: **Das Sai Sin ist heute im übertragenen Sinn Ihre Armbanduhr. Stellen Sie sich beim Blick darauf jede nächste Stunde genau so vor, wie Sie sie gerne hätten. Begeistern Sie sich für die kommende Stunde! Malen Sie sich die anstehenden Situationen genau aus. Lassen Sie die Begeisterung über sich selbst und das, was kommt, durch den ganzen Körper strömen.**

Richten Sie Ihren Blick dabei auf das Positive, das Sie in den nächsten 60 Minuten erwartet. (Das muss übrigens nicht zur vollen Stunde sein.) Stellen Sie sich zum Beispiel vor, wie Sie eine bestimmte Arbeit, die gerade ansteht, souverän erledigen. Stellen Sie sich vor, wie gut Sie sich dabei fühlen, Ihre Kompetenzen sinnvoll zu nutzen. Begeistern Sie sich für sich selbst! Wenn zum Beispiel ein Treffen mit Freunden ansteht, lassen Sie dieses so, wie Sie es sich wünschen, vor Ihrem inneren Auge ablaufen. Sehen und hören Sie die Gespräche, das Lachen und spüren Sie die Herzlichkeit.

Diese Übung können Sie, wie immer zu jeder Zeit ausführen, Sie müssen nicht zwanghaft immer zur vollen Stunde starten und es können auch mal zwei Stunden dazwischen liegen, wie es in Ihren Tag passt. Generell gilt: Je häufiger Sie die Übung absolvieren, desto stärker kann sich Ihre Begeisterung verinnerlichen.

Betrachten Sie Ihren Tag mit Entdeckerfreude und voller Motivation, ihn zu gestalten. Begeistern Sie sich für die ganze Buntheit und Schönheit, die dieser Tag bietet. Gehen wir mit

Hingabe an etwas heran, dann haben wir auch Erfolg. Und der heutige Tag wird ein Erfolg!

Auf geht's in einen Tag voller Begeisterung. Nicht warten, starten! Was genau in der nächsten Stunde lässt Ihre Augen vor Begeisterung strahlen? Stellen Sie es sich genau vor, jetzt.

Ohne Begeisterung ist noch nie etwas Großes erreicht worden.
[Ralph Waldo Emerson]

Schon gewusst?
Englische Studien belegen, dass die Gehirnregion für die Daumensteuerung bei Jugendlichen in den vergangenen Jahren sprunghaft angewachsen ist. Treibender Faktor ist die Begeisterung, mit der Jugendliche SMS tippen. Emotionale Begeisterung ist regelrechter Dünger für das Gehirn. Es liegt an uns, wie wir diese Fähigkeit nutzen.

Tag 20 | Für immer

Heute geht es um einen Blick in die Zukunft. Es liegt schließlich heute, morgen und auch in 10 oder 20 Jahren nur in Ihrer Hand, sich eigenverantwortlich um sich selbst zu kümmern. Wie werden Sie zukünftig mit sich umgehen? Schauen Sie es sich an!

Nachdem Sie sich nun fünf Tage im Visualisieren erprobt haben, geht es heute ans Eingemachte. Um die Vorstellung, wie es wäre, ab jetzt für immer gut mit sich selbst umzugehen. Welche Auswirkungen hätte das auf Sie und Ihr Leben?

Übung 20 lautet: **Stellen Sie sich heute bei jedem Blick auf das Sai Sin vor, dass Sie den achtsamen Umgang mit sich selbst für immer betreiben. Sehen Sie sich selbst derart positiv und selbstfürsorglich in 2, 5, 10 und 20 Jahren und genießen Sie das Gefühl dabei.**

Haben Sie sich ganz bildhaft vor Augen, ausgeglichen und voll innerer Stärke; lächelnd, da Sie seit Langem keine negativen Gedankenspiele mehr zulassen. Sie blicken optimistisch auf die Dinge, nehmen Positives bewusst wahr und widmen Ihre Kraft lösungsorientiertem Denken. Diese Lebenseinstellung wird langfristig positive Auswirkungen auf unterschiedliche Bereiche Ihres Lebens haben: Statistisch gesehen leben Menschen, die optimistisch und selbstfürsorglich sind, länger und werden seltener krank. Sie sind leistungsfähiger, haben mehr Freunde und erfüllendere Beziehungen. Gute Aussichten, oder?

Je öfter die Visualisierung in Ihren Gedanken auftaucht, desto mehr Kraft kann sie entwickeln. Sie stellen selbst die Weichen dafür, dass die Vorstellung zur Realität wird. Programmieren Sie Ihr Bewusstsein daher auf die beste Version von sich selbst und lassen Sie sich nicht zu kurz kommen. Denn nur Sie selbst sind für Ihr Leben verantwortlich.

Nutzen Sie diesen Tag und sehen Sie sich selbst voller Achtsamkeit und Optimismus. Fangen Sie an! Ein schönes Bild, oder? Und das Tolle ist: Sie legen damit gerade einen Grundstein, um es auch wirklich zu erreichen. Genießen Sie also dieses Gefühl ab heute immer gut mit sich selbst umzugehen.

Du wirst morgen sein, was Du heute denkst.
[Buddha]

Schon gewusst?
Eine amerikanische Langzeitstudie mit 7000 Teilnehmern über einen Zeitraum von 40 Jahren belegt, dass notorische Pessimisten ein um 42 Prozent höheres Risiko haben, früher zu sterben. Optimisten leben länger!

Tag 21 | Reflexion „Hinschauen“

Heute ist bereits der letzte Tag der dritten Woche! Sie haben ordentlich Grund, stolz auf sich zu sein. Machen Sie weiter so. Gönnen Sie sich heute immer mal wieder Ruhe und nehmen Sie sich die Zeit, um über Ihre bisherige hervorragende Arbeit nachzudenken.

Die Woche der Vorstellungskraft endet nun. Sie haben viel geschafft! Wie bei jedem Abschlusstag einer Woche geht es auch heute darum, eine Rückschau zu halten.

Ihre Aufgabe 21: **Nutzen Sie, wenn Sie auf das Sai Sin blicken, die Zeit, um die letzte Woche noch einmal vor Ihrem geistigen Auge vorbeiziehen zu lassen. Wie haben Sie sich gefühlt? Hat Ihnen die Woche gutgetan? Hat sich etwas an Ihrem Verhalten oder Ihren Gedanken geändert?**

Denken Sie positiver, empfinden Sie mehr Dankbarkeit oder sind Sie achtsamer als noch vor einigen Wochen? Schenken Sie jeder kleinen Veränderung, die Sie bei sich bemerken, Beachtung. Wenn Sie mögen, halten Sie Ihre Erfahrungen und Gedanken wieder in Ihrem ICare-Challenge-Heft fest.

Was ist Ihre liebste Übung der Woche und warum? Was genau hat Ihnen gutgetan? Nur wenn Sie wissen, was Ihnen Kraft, Motivation und Wohlbefinden schenkt, können Sie es jederzeit wiederholen. Nehmen Sie sich daher bitte heute ausreichend Zeit für sich. Mit Sicherheit eine gute Investition!

Würdigen Sie heute zudem ganz bewusst Ihr Engagement und Ihre Bereitschaft zur Veränderung. Klopfen Sie sich zwischendurch ruhig mal selbst auf die Schulter. Drei Wochen beeindruckender Arbeit mit sich selbst liegen nun schon hinter Ihnen. Sie sind richtig gut!

Morgen starten Sie in die letzte Woche der Challenge, in der sich alles um die Kraft der Anziehung drehen wird. Lesen Sie bitte die Einführung zur Woche der Anziehungskraft. So sind Sie optimal darauf eingestimmt. Also, heiter weiter!

Zeit, die wir uns nehmen, ist Zeit, die uns etwas gibt.
[Ernst Ferstl]

Schon gewusst?
Die Glücksforschung beschäftigt sich mit Glück im Sinne des Glücklichseins, also des ganz persönlichen Wohlbefindens und nicht vom Glück haben wie zum Beispiel bei einem Lotteriegewinn. Erkenntnisse der Glücksforschung zeigen, dass glücklich sein für jeden etwas anderes bedeutet. Nur wir selbst können spüren, wissen, lernen, was *uns* wirklich guttut, was uns wahrhaft glücklich macht. Seien wir unserem Glück auf der Spur. Immer wieder. Jeden Tag.

Resümee | 3. Woche

Die Woche der Anziehungskraft

Sie fragen sich bestimmt, was genau mit Anziehungskraft gemeint ist. Keine Sorge, es geht hier nicht um Hokuspokus, sondern um etwas, was jeder schon einmal erlebt hat. Sicher kennen Sie Redensarten wie „Man erntet, was man sät" oder „Wie man in den Wald hineinruft, so schallt es hinaus". Dahinter verbirgt sich nichts anderes als das Phänomen der Anziehungskraft. Das, was wir denken, was wir uns wünschen und immer wieder zu uns selbst sagen, ziehen wir automatisch an. Wir erfahren das in unserem Leben, worauf wir unsere Aufmerksamkeit richten und an was wir vornehmlich denken.

Gewiss haben Sie auch schon mal gesagt: „Das habe ich kommen sehen". Sie waren sich des Ausgangs einer Sache also schon im Voraus sicher. Und genau so ist es dann auch gekommen. Reiner Zufall? Die Psychologie spricht hier vom Prinzip der selbsterfüllenden Prophezeiungen. Nach diesem Prinzip bestätigen sich unsere Erwartungen über uns, andere oder einen bestimmten Sachverhalt. Und das liegt an uns. Wir selbst richten unser Verhalten nämlich nach unseren Erwartungen aus und zwar sowohl bewusst als auch unbewusst.

Dies ist wissenschaftlich intensiv untersucht worden. Bereits 1965 führte der Psychologe Robert Rosenthal dazu ein Experiment durch. Er gab Grundschullehrern vor, dass bestimmte Kinder bei einem Intelligenztest ein besonders hohes Ergebnis erzielt hätten. Die Namen der Kinder wurden durch ein Zufallsprinzip gezogen. Die Lehrer nahmen also an, dass diese Schüler besonders intelligent waren, obwohl das gar nicht stimmte. Nach einem Jahr wurde ein erneuter Test mit denselben Kindern durchgeführt. Das Ergebnis war verblüffend: Fast die Hälfte zeigte höhere Werte. Wie ist das zu erklären? Die Lehrer behandelten diese Schüler anders, nur weil sie dachten, sie wären ausgesprochen klug. Sie forderten sie stärker, gaben mehr Erklärungen und gingen individueller auf sie ein. Das Verhalten der Lehrer war von ihren Erwartungen stark beeinflusst und diese wurden dann auch zur Realität.

Bei dem sogenannten Placebo-Effekt ist es ebenso. Placebos sind Medikamente, die keinerlei Wirkstoff enthalten. Trotzdem berichten Menschen nach der Einnahme dieser Zuckerpillen über eine Verbesserung ihres Zustandes. Auch das ist kein Hokuspokus. Es gibt eine einfache Erklärung dafür. Die Personen haben die Erwartung, dass ihnen durch das Medikament geholfen wird. Und allein dieses positive Gefühl verursacht eine Verbesserung des Zustandes. Der Placebo-Effekt bewirkt tatsächlich messbare, neurochemische Veränderungen in Gehirn und Körper. Veränderungen, die nur durch die Kraft der positiven Erwartungshaltung hervorgerufen werden. Die reine Zuversicht wirkt offenbar genauso stark wie ein tatsächlicher Wirkstoff. Und ein Placebo muss kein Medikament sein. Denken wir nur an kleine Kinder: Wird ein Pflaster auf die Wunde geklebt, dann tut es auch nicht mehr so weh.

Wir bekommen, was wir erwarten, positiv wie negativ. Rechnen Sie von vornherein mit Schlechtem, wie zum Beispiel: „Mit dem neuen Arbeitskollegen komme ich einfach nicht klar", richten Sie auch genau daraufhin Ihr Verhalten aus. Sie ziehen beispielsweise stets ein mürrisches Gesicht, wenn der Kollege auftaucht, legen jede seiner Aussagen auf die Goldwaage und willigen ihm tendenziell keinen Erfolg zu. Sie beeinflussen so Ihr Verhalten bewusst oder unbewusst. Letztlich werden Sie nur aufgrund dieses von Ihrer Erwartung gesteuerten Verhaltens mit dem Kollegen tatsächlich nicht klarkommen. Und das ist dann eine klassische sich selbsterfüllte Prophezeiung: Sie haben es kommen sehen!

Genauso ist es mit unseren Fähigkeiten. Das Denken über uns selbst und die eigene Erwartungshaltung beeinflussen unser Handeln. Reden wir uns permanent ein, dass wir etwas nicht können, dann werden wir letztlich dazu auch nicht im Stande sein. Die Voraussage tritt ein und das Vorurteil ist bestätigt. Gandhi hat es treffend gesagt: *„Der Mensch wird oft zu dem, was er zu sein glaubt."*

Bedenken Sie also bei der Auswahl Ihrer Gedanken, welch unglaublich großen Einfluss Sie selbst auf die Zukunft haben. Trauen Sie sich viel zu und glauben Sie an Ihre Fähigkeiten, so werden Sie weit kommen. Trauen Sie sich hingegen wenig zu, bleiben Sie mit hoher Wahrscheinlichkeit schon in den Startlöchern stecken. Die Annahme „Ich kann das nicht" ist ein wahrer Bremsklotz.

Legen Sie daher ganz bewusst den Fokus auf das, was Sie wirklich wollen. Was Sie durch Ihre Gedanken und Ihr Verhalten aussenden, ziehen Sie auch an. Sie allein haben das Ruder in der Hand und legen den Kurs fest.

Die hausgemachten Killerphrasen begrenzen und schaden uns gewaltig. Also, Schluss damit! Warum noch länger erdulden, dass diese negativen Denkmuster und Verhaltensweisen uns im Griff haben? Wir haben nichts davon, sie bringen uns nur Nachteile. Um diese Einschränkung zu beheben, gibt es eine hervorragende Maßnahme: Loslassen und sich selbst vergeben.

So können wir uns von den Kleinmacher-Gedanken und Katastrophenfantasien befreien und sie in positive Erfolgserwartungen wandeln. Loslassen schafft schließlich Platz für Neues. Raum für das, was uns guttut. Wir dürfen nicht auf der Strecke bleiben, nur weil wir an Gewohntem festhalten. Der Rucksack des Lebens wird einfach zu schwer, wenn wir ihn nicht von dem negativen Ballast befreien. Wir tragen diese Last, es geht auf unser Kreuz. Beim Loslassen können wir nur gewinnen. Es ist im wahrsten Sinne des Wortes befreiend.

Die negativen Denk- und Verhaltensweisen, die wir zu lange mit uns herumgeschleppt haben, sind so passé und können uns keine Energie mehr entziehen. Das erfordert auch, sich selbst zu vergeben. Hegen Sie keinen Groll gegen sich, nur weil Sie nicht zu hundert Prozent perfekt sind. Wir alle haben Schwächen und machen mal Fehler. Erinnern Sie sich an die Übungen zum Selbstmitgefühl? Sie sind gut, so wie Sie sind! Mit allen Ecken und Kanten. Also nehmen Sie sich so an. Wenn wir uns in Vergebung üben, können wir uns ganz auf das Hier und Jetzt und das, was wir wollen, konzentrieren. Anstatt uns in der Vergangenheit zu verlieren, entsteht Raum, um konstruktiv zu gestalten. Zudem scheint es nicht nur für die Lebenszufriedenheit, sondern auch für die eigene Gesundheit besser zu sein, zu verzeihen und Ärger nicht mit sich herumzuschleppen. Eine Studie der Duke University in North Carolina zeigt, dass Vergebung chronische Rückenschmerzen und Depressionen lindern kann. Eine regelrechte befreiende Leichtigkeit breitet sich in unserem Leben aus, wenn wir uns vom Gewicht der Selbstvorwürfe und ungünstigen Denkmuster befreien. Wir sind offen für neue Sichtweisen und können unsere Energie in das investieren, was wir uns für die Gegenwart und Zukunft wünschen.

Die Übungen in dieser Woche führen Sie behutsam dahin, Ihre Anziehungskraft optimal zu nutzen. Sie schenken dem Beachtung, was Sie an Gedanken, Emotionen, Worten und Handlungen aussenden. Denn wie ein Magnet ziehen Sie genau das auch in Ihr Leben. So sitzen Sie nicht nur passiv auf dem Beifahrersitz Ihres Lebens, sondern aktiv hinter dem Steuer und bestimmen selbst, in welche Richtung es geht.

Ich kann mich sehr gut an meine erste Übungszeit mit ICare und die „Woche der Anziehungskraft“ erinnern. Sich darin zu üben, nur Positives auszustrahlen und so schlicht die beste Version von sich selbst zu sein, ist eine lohnenswerte Aufgabe. Es stärkt das Selbstvertrauen, bringt

Ausgeglichenheit und inneren Frieden. Ich fühlte mich rundum wohl und gefiel mir selbst einfach besser. Hatte ich vorher das Gefühl, permanent Negatives anzuziehen, war es nun genau andersherum. Ein regelrechter Dominoeffekt setzte sich in Gang und mir sind wunderbare Dinge widerfahren und begegnet. Wenn wir Gutes erwarten, ist die Wahrscheinlichkeit sehr hoch, dass wir auch Gutes finden.

Haben Sie noch Zweifel und denken, dass klingt alles viel zu unglaublich, nach Magie oder „Aladin und die Wunderlampe"? Dann möchte ich Ihnen gerne einen weiteren eindrucksvollen wissenschaftlichen Beleg liefern. Die Auswirkungen unserer festen Erwartungen können nämlich gravierend sein. Eine Studie der Universität Rochester in New York aus dem Jahr 2011 zeigt, dass Männer, die glauben, ein geringeres Risiko für einen Herzinfarkt zu haben, in der Folge tatsächlich dreimal seltener Herzinfarkte erleiden als andere. Unabhängig davon, ob sie genetisch tatsächlich ein hohes oder niedriges Risiko haben.

Unsere vorherrschenden Gedanken sind also effektive Energien, die aktiv erschaffen. Und unser Leben damit ein Spiegelbild unserer Gedanken. Wir müssen uns natürlich klar entscheiden, was wir wollen. Sowie fest daran glauben. Meist lassen wir zu, dass die äußere Welt über unsere innere Welt bestimmt. Das müssen wir umkehren. Wir sitzen in der inneren Schaltzentrale der Macht. Unsere Gedanken bestimmen, was wir anziehen.

Wir können gezielt positiv auf uns und unsere Umgebung Einfluss nehmen. Gehen auch Sie davon aus, dass sich die Dinge zu Ihrem Vorteil entwickeln und alles zu Ihrer Zufriedenheit verläuft. Sie haben Ihre Zukunft viel mehr in der Hand, als vielleicht bisher gedacht. Also, erwarten Sie nur Gutes!

Woche 4

Die Woche der Anziehungskraft

Tag 22 | L wie Loslassen

Endspurt! Wir starten in die vierte und letzte Woche von ICare. Sie steht im Zeichen der Anziehungskraft. Jetzt heißt es noch mal Vollgas geben! Heute geht es als Erstes um das Loslassen. Wir beharren zu oft an Bewährtem, auch wenn es uns schadet. Das bremst uns aus.

Wir halten oft an Dingen und Verhaltensweisen fest, obwohl wir eigentlich tief in uns wissen, dass es das Beste wäre, diese endlich loszulassen. Da sie uns nicht guttun. Dieser Zustand raubt uns Energie. Täglich, immer wieder aufs Neue. Unsere Kraft sollten wir besser dazu nutzen, um innerlich Abstand zu gewinnen von Denk- und Verhaltensmustern, die uns schaden. Jeder Tag ist eine neue Chance, etwas anders zu machen als am Tag davor.

Dazu die Übung 22: **Formen Sie heute immer, wenn Sie auf das Sai Sin blicken, ein L. Strecken Sie dazu den Zeigefinger nach oben und den Daumen zur Seite. Lassen Sie dann Negatives wie Ärger, Anspannung, Angst oder negative Gedankenmuster ganz bewusst los: „Ich lasse ... (benennen) jetzt vollständig los."**

Werfen Sie zum Beispiel eine einschränkende Denkweise über Bord. Trennen Sie sich unabänderlich von ihr. Da Sie nach den Übungen der vergangenen Woche ein Profi im Visualisieren sind, können Sie unterstützend mit Ihrer Vorstellungskraft arbeiten. Wählen Sie dafür ein Ihnen entsprechendes Bild: Setzen Sie die belastenden Gedanken dazu imaginär auf schwimmende Blätter in einem Fluss oder auf eine Wolke am Himmel und lassen Sie sie langsam davonziehen. Auf und davon! Ziehen Sie einen Schlussstrich.

Befreien Sie sich von alten, nicht bewährten negativen Mustern. Führen Sie eine persönliche „Gewinn-Verlust-Rechnung" durch. Was gewinnen und was verlieren Sie, wenn Sie loslassen? Bei einer ehrlichen Betrachtung steht meistens wesentlich mehr auf der Gewinnerseite. Was hindert Sie also? Loslassen zieht Neues an. Es schafft mehr Platz und Freiraum im Leben. Gelassenheit und Lebensfreude stellen sich dann ganz automatisch ein. Lassen Sie den Fuß nicht auf der Bremse, geben Sie Gas! Hier einige Beispiele, wie Sie Platz für Neues schaffen können:

- Ich lasse jeden Zweifel jetzt vollständig los.
- Ich lasse jeden Widerstand gegen Veränderungen jetzt vollständig los.
- Ich lasse jedes Schuldgefühl jetzt vollständig los.
- Ich lasse die Vergangenheit jetzt vollständig los.
- Ich lasse jede Angst jetzt vollständig los.

Weitere Anregungen finden Sie im Anhang.

Haben Sie einen wunderbaren Start in die vierte Woche! Legen Sie direkt los und formen Sie doch nun gleich einmal ein L. Und dann ganz bewusst loslassen! Weg mit den Altlasten. Genießen Sie das befreiende Gefühl. Lassen Sie los!

Lerne loszulassen, das ist der Schlüssel zum Glück.
[Buddha]

Schon gewusst?
Eine Untersuchung des Marktforschungsinstituts *Rheingold* belegt, dass es 46 Prozent der Deutschen immer weniger gelingt, angesichts von Stress und dem Gefühl ständiger Erreichbarkeit loszulassen und etwas zu genießen. Bei den Jüngeren meinen sogar 55 Prozent, ihnen sei die Fähigkeit zum Wohlbefinden abhandengekommen.

Tag 23 | V wie Vergeben

Formen Sie doch einmal das Victory-Zeichen! Einfach Zeige- und Mittelfinger gespreizt nach oben strecken. Dieses V steht heute für Vergebung. Denn sich selbst vergeben zu können, ist ein wichtiger Sieg.

Sie sind ein einmaliger Mensch, genau so wie Sie sind. Nobody is perfect – und das ist gut so. Sonst wäre das Leben ziemlich langweilig. Nehmen Sie sich mit Ihren vermeintlichen Ecken und Kanten an und vergeben Sie sich bestimmte Eigenschaften, Gefühle oder Verhaltensweisen. Es ist äußerst gesund für Sie, wenn Sie sich selbst verzeihen können. Vergebung ist eine starke heilende Kraft. Schon seit über 2000 Jahren ist „Verzeihe Dir selbst" ein Dogma der traditionellen chinesischen Medizin (TCM). Dahinter steckt die Vorstellung, dass Verzeihen den Menschen öffnet und das negative Schädigende austreten kann. Hegen Sie keinen Groll gegen sich selbst. Diese Energie verdient es, für bessere Zwecke genutzt zu werden.

Die Tagesübung 23: **Formen Sie immer, wenn Sie heute auf das Sai Sin schauen, mit Zeige- und Mittelfinger das Victory-Zeichen. Vergeben Sie sich dann selbst: „Ich vergebe mir ... (benennen)." Das können von Angst und Sorgen besetzte Gedanken und Handlungen oder Selbstabwertungen sein. Ergänzen Sie, was Sie stattdessen wählen, zum Beispiel: „Ich vergebe mir, dass ich**

heute früh beim Blick in den Spiegel über mein Aussehen geklagt habe. Heute sehe ich all das Schöne an mir.“

Entlassen Sie sich aus Ihrem Gefängnis der Selbstvorwürfe. Vergeben Sie sich Vergangenes und lassen Sie es dann einfach los. Gerne können Sie unterstützend mit der gestrigen Übung arbeiten und das, was Sie sich vergeben haben, imaginär auf einem Blatt im Wasser oder auf einer Wolke davonziehen lassen. Vergebung ermöglicht, voll und ganz in der Gegenwart anzukommen, anstatt ständig mit der Vergangenheit zu hadern. Richten Sie Ihren Fokus voller Kraft auf das Hier und Jetzt. Wer vergibt, siegt! Einige weitere Beispiele, wie Sie vergeben und siegen können:

- Ich vergebe mir, dass ich mich selbst beschimpft habe. Heute spreche ich nur liebenswürdig zu mir selbst.
- Ich vergebe mir, dass ich in der Vergangenheit diesen einen bestimmten Fehler gemacht habe. Heute bin ich voller Frieden.
- Ich vergebe mir meine Selbstzweifel. Heute bin ich voller Selbstbewusstsein.
- Ich vergebe mir, dass ich neidisch auf meine Kollegin war/bin. Heute achte ich darauf, was ich denke und sage.
- Ich vergebe mir, dass ich gestern zu viel gegessen habe. Heute achte ich auf meine Ernährung.

Im Anhang finden Sie weitere Anregungen.

Und nun auf in den V-Tag! Sagen Sie dem alten Ballast Adieu und tun Sie etwas für sich und Ihr seelisches Wohlbefinden.

Der Schwache kann nicht verzeihen. Verzeihen ist eine Eigenschaft des Starken.
[Mahatma Gandhi]

Schon gewusst?
Nelson Mandela hat Vergebung maßgeblich gelebt. Als Zeichen der Versöhnung und Vergebung hat er nach 27-jähriger Haft als politischer Gefangener seinen Gefängniswärtern die Hand gereicht und sie zum Tee eingeladen. Groß ist, wer verzeihen kann.

Tag 24 | Ein einzigartiger Tag

Bei der heutigen Übung knüpfen wir an die Achtsamkeitsübung „Alltag" der ersten Woche an, gehen dabei aber einen wesentlichen Schritt weiter. Denn heute setzen Sie Ihre Anziehungskraft ganz bewusst ein.

Anziehungskraft bedeutet, dass jeder Gedanke, den wir denken, jedes Gefühl, das wir fühlen, ähnliche oder gleichartige Ergebnisse anzieht. Sicherlich haben auch Sie schon einmal nach einem Misserfolg gedacht: „Ehrlich gesagt, wusste ich vorher schon, dass das nichts wird." Genau dadurch haben Sie den Fehlschlag unbewusst mit vorbereitet. Unsere Erwartungen beeinflussen nämlich unser Verhalten, auch wenn uns das nicht bewusst sein mag. Die Umwelt reagiert darauf entsprechend. Diese Kraft der Anziehung gilt es, positiv zu nutzen. Wohin immer wir unsere Aufmerksamkeit richten und wie wir das, was wir wahrnehmen, interpretieren, spiegelt sich schließlich auf unser Leben zurück.

Dazu die Tagesübung 24: **Wenn nichts Besonderes passiert, merken wir uns auch nichts. Ein Tag ist wie der andere. Machen Sie daher diesen Tag zu einem einzigartigen: Öffnen Sie die Augen für die Schönheit der kleinen Dinge, seien Sie dankbar, lachen und fühlen Sie, riechen Sie den Wind und schauen Sie Ihren Mitmenschen in die Augen. Das Gute daran: Die positive Energie, die Sie durch diese Achtsamkeit ausstrahlen, ziehen Sie auch an.**

So entsteht ein Dominoeffekt. Nur Mut: Kippen Sie den ersten Stein! Füllen Sie den heutigen einzigartigen Tag mit angenehmen und positiven Gedanken und Gefühlen. Mit Ihrem permanent laufenden Gedankenstrom legen Sie schließlich die Weichen für den weiteren Tagesverlauf. Sie sind der innere Autor, der das Drehbuch dieses Tages schreibt. Gestalten Sie die einzelnen Kapitel nach Ihren Wünschen, Zielen und Vorstellungen. Es liegt an Ihnen! Das Sai Sin sorgt auch heute dafür, dass Sie die Übung verlässlich in Ihren Tagesablauf und Ihre Gedanken integrieren und wiederholen können.

Machen Sie diesen Tag zu einem wunderschönen Spiegelbild Ihrer Gedanken und Wahrnehmung. Setzen Sie den Dominoeffekt jetzt gleich in Gang! Eine Kleinigkeit genügt, um die Kettenreaktion auszulösen. Los! Und bedenken Sie: Es kommt selten etwas Gutes dabei heraus, wenn wir Schlechtes erwarten.

Vergiss nicht, Glück hängt nicht davon ab, wer Du bist oder was Du hast; es hängt nur davon ab, was Du denkst.

[Dale Carnegie]

Schon gewusst?
Achtsamkeit erhöht erwiesenermaßen die Aufmerksamkeit, Konzentration und Leistung des Gedächtnisses und fördert positive Emotionen. Um dieses Potenzial zu nutzen, werden in einigen Schulen der USA und mittlerweile auch in Europa Achtsamkeitsübungen erfolgreich in den Schulalltag integriert.

Tag 25 | Geben gibt!

Wann haben Sie das letzte Mal einem anderen Menschen einen Gefallen getan? Einfach so? Die heutige Übung bietet ausreichend Gelegenheit dazu und richtet den Blick ganz bewusst von uns auf andere. Heute geben Sie – und erhalten dafür etwas zurück! Sie werden sehen.

Geben macht glücklich. Die Hirnforschung ist inzwischen in der Lage, das zu belegen: Wenn wir uns um das Wohl anderer kümmern, werden im Gehirn Hormone wie Opioide und Oxytocin ausgeschüttet. Diese sind, wie Sie schon wissen, Treibstoff für unser Wohlergehen. Es ist für uns selbst förderlich, wenn wir unseren Mitmenschen zugewandt sind. Ziehen Sie heute Gutes an, indem Sie Gutes geben!

Die Tagesübung 25: **Tun Sie heute anderen etwas Gutes. Schenken Sie ein Lächeln, sagen Sie etwas Liebes, erweisen Sie jemandem einen Gefallen, lassen Sie jemanden an der Kasse vor, machen Sie ein Kompliment oder verschenken Sie Ihren Parkschein, der noch nicht abgelaufen ist.** Der Blick auf das Sai Sin erinnert Sie wieder verlässlich daran, die Übung auch durchzuführen.

Es gibt unendliche viele Möglichkeiten, anderen etwas zu geben oder ihnen zu helfen. Oft reicht es schon, einfach mal den Blick etwas zu heben und sich nach Menschen in unserer Umgebung umzuschauen, die unserer Hilfe bedürfen. Die anderen achtsam wahrzunehmen.

Und ganz egal, wie es uns geht, haben wir immer etwas zu geben. Selbst wenn wir uns betrübt fühlen, können wir anderen eine Freude machen. Das richtet auch uns innerlich auf, gibt uns Kraft, Stärke und Zuversicht. Wir erweisen uns selbst einen Dienst, wenn wir etwas für andere tun. Das, was wir aussenden, ziehen wir auch an. Geben gibt.

Auf in einen wunderbaren Tag. Es gibt viel zu geben, Sie werden sehen! Fangen Sie ohne Umwege an, vielleicht verschenken Sie jetzt gleich ein Lächeln? Es kostet nichts und gibt so viel. Sie werden staunen, wie gut das tut.

Das Geheimnis des Glücks liegt nicht im Besitz, sondern im Geben. Wer andere glücklich macht, wird glücklich.

[André Gide]

Schon gewusst?

Im Rahmen der internationalen Studie „World Giving Index 2010" werden Befragungen in insgesamt 135 Ländern zum Gebeverhalten und Wohlempfinden durchführt. Die Studie zeigt, dass sich Menschen dort, wo Hilfe für den anderen einen hohen Stellenwert hat, insgesamt besser fühlen. In den Ländern, in denen verstärkt für wohltätige Organisationen gespendet, Freiwilligenarbeit verrichtet und Hilfe für andere geleistet wird, geben statistisch mehr Menschen an, sich wohlzufühlen. Zu geben bereichert nachweislich das Leben.

Tag 26 | Lebendiger Magnet

Nur noch 5 Tage! Das Ende der Challenge naht. Also: Geben Sie noch mal Gas, denn heute geht es ums Ganze. Viel Spaß!

Aus der Quantenphysik wissen wir, dass alles eine Frequenz aussendet. Diese Kraft kann mit einem Magneten verglichen werden. Ein Magnet zieht Dinge entweder an oder stößt sie ab. Und genauso ist es auch bei Menschen und bei Ihnen! All das, was Sie heute durch Ihr Verhalten aussenden, das ziehen Sie wie ein Magnet auch an. Um Positives zu empfangen, müssen Sie natürlich auch Positives ausstrahlen. Und genau an diesem Punkt sind Sie nun gefragt.

Daher lautet Tagesübung 26: **Wenden Sie heute all das, was Sie in der ICare-Challenge bisher gelernt haben, an, so oft und wann Sie wollen:**

- **Lächeln Sie.**
- **Seien Sie dankbar.**
- **Schätzen Sie das, was Sie haben.**
- **Gehen Sie achtsam durch den Tag.**
- **Stoppen Sie den inneren Nörgler.**
- **Reden Sie nur gut mit sich.**
- **Wenden Sie Selbststärkungen an.**
- **Seien Sie voller Mitgefühl zu sich selbst.**
- **Motivieren Sie sich durch Visualisierungen.**
- **Seien Sie begeistert.**

- **Lassen Sie Negatives los.**
- **Vergeben Sie sich Vergangenes.**
- **Tun Sie anderen Gutes.**
- **Und seien Sie die beste Version von sich selbst!**

Beachten Sie alles, was Sie in der Challenge bisher gelernt haben und was Ihnen gutgetan hat. So verbreiten Sie gute Stimmung und bilden um sich herum ein Schutzschild gegen Negatives. Ihr treuer Begleiter, das Sai Sin, erinnert Sie auch heute an die Übung, egal wo Sie sind oder was Sie gerade tun.

Als „lebendiger Magnet" haben Sie maßgeblich Einfluss darauf, ob Sie Negatives oder Positives anziehen. Die Schaltzentrale Ihrer Macht liegt dabei in Ihrem Inneren: Ihre Gedanken wirken sich auf Ihre Gefühle aus. Ihr emotionaler Zustand hat Einfluss auf Ihr Verhalten und dieses beeinflusst wiederum die weiteren Ereignisse des Tages.

Setzen Sie daher bewusst die Kraft Ihrer Gedanken ein. Sie sind der Architekt Ihres Tages. Die Baupläne liegen in Ihrer Hand. Geben Sie Ihr Bestes, nutzen Sie den Tag. Frisch ans Werk und mit tollen Erfahrungen dank Ihrer Anziehungskraft!

Glück zieht wirklich immer noch mehr Glück an, wie ein Magnet.
[Sylvia Plath]

Schon gewusst?
Untersuchungen belegen, dass sowohl Jungen als auch Mädchen über ähnliche mathematische Fähigkeiten verfügen. Mädchen schneiden in dem Fach jedoch schlechter ab. Eine Studie der Universität Koblenz hat herausgefunden, dass dies allein daran liegt, weil Mädchen glauben, sie können nicht so gut rechnen wie Jungen. Schon vor Prüfungen gehen Mädchen eher davon aus, dass sie eine schlechte Note bekommen. Eine selbsterfüllende Prophezeiung!

Tag 27 | Mein kostbarster Schatz

Wenn Sie eine einzigartige und wertvolle Kostbarkeit besäßen, wie würden Sie damit umgehen? Beschützen und sich daran erfreuen oder eher vernachlässigen? Dieser Frage gehen Sie heute auf die Spur. Werden Sie der Hüter Ihres Schatzes!

Unser Körper und unser Geist sind zusammen unser größter Schatz. Haben Sie schon mal darüber nachgedacht? Wir haben jeweils nur den einen. Es gibt keinen neuen auf Bestellung. Daher sollten wir beide hüten, pflegen und bedingungslos lieben. Zu einem guten Umgang mit sich selbst gehört daher auch ein verantwortungsbewusster Umgang mit dem eigenen Körper. Wie sieht es da bei Ihnen aus? Hüten Sie Ihr Gut hinreichend?

Ihre Tagesübung 27: **Achten Sie heute den ganzen Tag darauf, wie es bei Ihnen um Bewegung, Ernährung und Entspannung steht. Das Sai Sin ist heute sozusagen das Schloss an Ihrer Schatztruhe. Bei jedem Blick darauf erinnert es Sie daran, auf sich und Ihren Schatz achtzugeben.**

Wie sieht es bei Ihnen mit Bewegung aus? Der Alltag bringt es mit sich, dass wir andauernd sitzen: im Büro, im Auto, vor dem Fernseher. Dabei ist unser Körper biologisch nach Bewegung ausgerichtet; er will und er muss sich bewegen. Bewegung stärkt die körperlichen Gesundheitsressourcen und erneuert die Energiereserven. Zudem ist sich die Wissenschaft darüber einig, dass sportliche Aktivität auf der emotionalen Ebene zu einer direkten Steigerung des Wohlbefindens beiträgt. Regelmäßiger Sport ist somit ein stärkendes Elixier für unseren Körper.

Ebenso wichtig ist in diesem Zusammenhang erholsamer Schlaf. Wie steht es um Ihre Schlafzeiten und -gewohnheiten? Achten Sie in hektischen Zeiten auf ausreichend Entspannung? Und wie sieht es in puncto Ernährung aus?

Eine abwechslungsreiche Ernährung fördert nicht nur die Leistung und das Wohlbefinden, sondern kann auch vor Krankheiten schützen. Studien zeigen, dass die meisten Menschen allerdings zu viel, zu süß, zu salzig und zu fett essen. Empfehlenswert ist eine bewusste Ernährung und ganz besonders auch ausreichend Zeit zum Essen.

Achten Sie heute als Schatzhüter einmal genau auf Ihre alltäglichen Gewohnheiten und Ihren Lebensstil. Wenn Sie etwas bemerken, was Ihrem Schatz schadet, dann ändern Sie es. Fahren Sie doch mal mit dem Fahrrad zum Bäcker, essen Sie mehr Obst oder melden Sie sich zu einem Entspannungskurs an. Es ist nie zu spät, um anzufangen! Wie steht es um Ihren kostbarsten Schatz? Fällt Ihnen direkt etwas ein, was Sie ändern möchten? Passen Sie gut auf sich auf!

Tu Deinem Leib etwas Gutes, damit Deine Seele Lust hat, darin zu wohnen.
[Teresa von Avila]

Schon gewusst?
Der Sportwissenschaftler Klaus Bös schätzt, dass sich 80 Prozent der Deutschen viel zu wenig bewegen. Mehr Elan wird jedoch schnell belohnt. Schon nach kurzer Zeit senken zwei Stunden mäßiger Sport pro Woche das Risiko für einen Herzinfarkt im Durchschnitt um ein Viertel. Schnelles Spazierengehen, walken, joggen oder Fahrrad fahren eignen sich zum Einstieg besonders gut. Bewegung hält fit und lässt sich leicht in den Alltag integrieren. Also, öfter mal Treppe statt Aufzug und Fahrrad statt Auto!

Tag 28 | Meisterübung: Schreibe Dir selbst einen Liebesbrief!

Heute endet bereits die vierte Woche. Die letzten drei Tage der Challenge gilt es nun noch einmal mit richtig viel Power in Angriff zu nehmen! Heute geht es um Worte der Zuneigung und Liebe. Liebesbriefe sind eine wunderschöne Möglichkeit, einem Menschen zu zeigen, wie sehr man ihn liebt. Genau das machen Sie heute in der Meisterübung: Sie schreiben einen Liebesbrief – an sich selbst!

Die Meisterübung 28 lautet: **Sagen Sie sich heute immer, wenn Sie auf das Sai Sin schauen, etwas, was Sie an sich selbst lieben. Was finden Sie richtig toll an sich? Wovon sind Sie begeistert? Was lieben Sie an sich? Wann und womit haben Sie sich selbst begeistert? Schauen Sie auf sich selbst, wie auf einen lieben Freund. Und: Halten Sie alles in einem Liebesbrief fest.**

Gehen Sie auf Ihre positiven Eigenschaften und Stärken ein. Lassen Sie Ereignisse aus Ihrem Leben einfließen, auf die Sie stolz sind. Was mögen Sie an sich? Das kann Ihre Fähigkeit, andere zum Lachen zu bringen sein, Ihre Neugierde, Ihr sportliches Geschick, Ihre Ausdauer, Ihre Stimme, Ihr Körper, Ihre Tierliebe, Ihre Ehrlichkeit, Ihre Großzügigkeit, Ihre Fähigkeit sich selbst zu verzeihen oder Ihre derzeitige engagierte Arbeit an sich selbst. Gehen Sie dazu einfach in sich. Tief in sich wissen Sie um all das Schöne an und in Ihnen. Indem Sie gezielt die positiven Seiten von sich betonen, beflügeln Sie regelrecht Ihr Selbstwertgefühl. Es tut Ihnen gut! Drücken Sie sich heute selbst gegenüber ganz bewusst Liebe und Zuneigung aus. Eigenlob darf sein!

Wenn Sie den ganzen Tag über Dinge, die Sie an sich lieben, gesammelt haben, nutzen Sie doch einen ruhigen Moment, um alles in einem Liebesbrief niederzuschreiben. Vielleicht lassen Sie dabei schöne Musik laufen oder zünden eine Kerze an. Lesen Sie Ihren Brief mit Stolz und Hingabe. Adressieren Sie den Brief an sich selbst und schicken ihn ab. Oder schicken Sie ihn sich selbst per Mail mit einem positiven Betreff. Ist es nicht wunderbar, solch atemberaubende Post zu erhalten? Sie sind es sich wert! Heben Sie Ihren Brief behutsam auf und lesen Sie ihn regelmäßig. Vor allem dann, wenn Sie mal an sich selbst zweifeln.

Haben Sie viele schöne Momente beim Erstellen Ihres persönlichen Liebesbriefes!

Sich selbst zu lieben ist der Beginn einer lebenslangen Romanze.
[Oscar Wilde]

Schon gewusst?
Eine Langzeitstudie der Universität Basel mit 3617 Teilnehmern hat Folgendes herausgefunden: Menschen, die sich selbst annehmen und über ein hohes Selbstwertgefühl verfügen sind gesünder, haben seltener Depressionen, werden weniger straffällig und sind im Leben allgemein erfolgreicher. Beste Aussichten!

Tag 29 | Tag der freien Wahl: Was Du willst

Heute ist der vorletzte Tag Ihrer ICare-Challenge. Die Ziellinie ist schon zu sehen. Kurz vor dem Finale erwartet Sie etwas ganz Besonderes: Sie haben heute die freie Wahl.

Sie haben nun die Wochen der *Dankbarkeit,* der *Selbststärkungen,* der *Vorstellungskraft* und der *Anziehungskraft* absolviert. Bevor morgen der große Abschlusstag der ICare-Challenge ansteht, haben Sie heute die Gelegenheit, Ihre persönliche Lieblingsübung noch einmal mit einem stolzen Blick zurück und zugleich einem optimistischen nach vorn zu praktizieren.

Dazu Übung 29: **Wählen Sie eine Tagesübung der Challenge aus und wenden Sie sie heute an.**

Gehen Sie dazu kurz in sich und überlegen einmal, welche Übung für Sie besonders lohnend war, Ihnen am meisten

Freude bereitet oder gutgetan hat oder vielleicht gerade am schwersten fiel. Heute besteht die Chance, es erneut zu probieren und sich intensiv darauf einzulassen. Wenn Sie mögen, können Sie natürlich auch mehrere Übungen anwenden. Sie haben freie Wahl! Also, machen Sie doch, was Sie wollen! Aber machen Sie es. Ab jetzt. Einen schönen Wahltag!

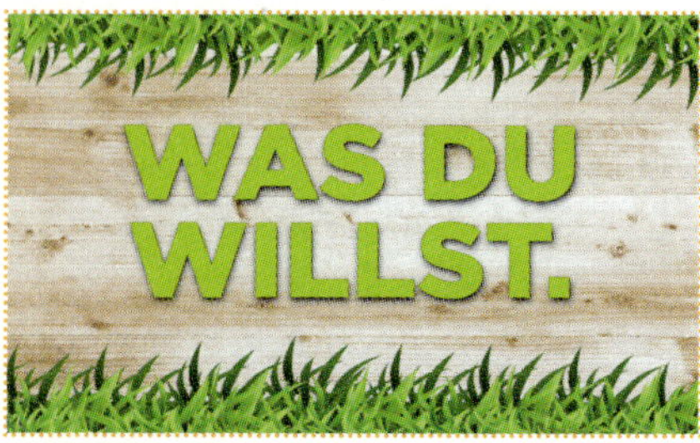

Man muss das Gute tun, damit es in der Welt sei.
[Marie von Ebner-Eschenbach]

Schon gewusst?
Der Glücksforscher Prof. Dr. Karlheinz Ruckriegel geht davon aus, dass glücklich sein erlernbar ist. Wir können unsere Zufriedenheit steigern, indem wir unsere Denkgewohnheiten und innere Haltung ändern. Uns Ziele setzen, Optimismus trainieren und Grübeleien vermeiden. Gute Übung macht den Meister!

Tag 30 | Abschlussparty und Endreflexion

Applaus, Applaus! Sie können so stolz auf sich sein! Heute ist der letzte Tag der Challenge und es ist an der Zeit, das Geleistete gebührend zu feiern.

Geschafft! Sie haben sich einer großen Herausforderung gestellt und sie erfolgreich gemeistert. 30 Tage kontinuierliche bewundernswerte Arbeit an sich selbst liegen nun hinter Ihnen. Sie haben Entschlossenheit dazu gezeigt, sich von ganzem Herzen der Achtsamkeit und Fürsorge sich selbst gegenüber zu verpflichten. Und Sie haben Verantwortung für sich und Ihr Denken übernommen. Das darf gebührend geschätzt und gefeiert werden – mit der letzten Tagesaufgabe.

Die abschließende Übung 30 lautet: **Danken Sie sich heute jedes Mal, wenn Sie auf das Sai Sin sehen, voller Liebe und Stolz für Ihr Durchhalten und Ihre tolle Leistung bei ICare! Gönnen Sie sich etwas Gutes, belohnen Sie sich. Bereiten Sie sich ein besonderes Essen zu, laden Sie Freunde ein und erzählen Sie von Ihrer großartigen Arbeit, setzen Sie sich in Ihr Lieblingscafé oder gönnen Sie sich einen ausgiebigen Spaziergang an einem schönen Ort. Unternehmen Sie etwas, das Sie nicht jeden Tag machen.**

Genießen Sie diesen wunderbaren Tag. Bringen Sie sich selbst Respekt vor Ihrer hervorragenden Leistung zum

Ausdruck und sagen Sie sich heute immer mal wieder anerkennend: „Das hast Du gut gemacht!" Heute ist ein Tag, an dem Sie die großartige Arbeit, die Sie an sich selbst geleistet haben, noch einmal vor Ihrem geistigen Auge vorbeiziehen lassen sollten.

Haben sich die 30 Tage positiv an Ihren Denk- und Verhaltensmustern bemerkbar gemacht? Hat sich etwas geändert? Tat es Ihnen gut, sich um sich selbst zu kümmern? Wie haben Ihre Familie, Freunde, Kollegen an bestimmten Tagen reagiert? Haben sie Veränderungen an Ihnen festgestellt? Halten Sie Ihre Gedanken und Erfahrungen in Ihrem ICare-Challenge-Heft fest. Nehmen Sie sich auch die Zeit, zu überlegen, was ab morgen geschieht. Wie wollen Sie in Zukunft mit sich selbst umgehen? Leben Sie ICare weiter? Die Prinzipien von ICare haben Sie nach den 30 Tagen bereits verinnerlicht, nutzen Sie daher die positive Energie, die Sie selbst erschaffen haben. Sie können alle Aufgaben oder auch einzelne, die besonders gut zu Ihnen passen, regelmäßig wiederholen. Vielleicht möchten Sie auch das Sai Sin, das Sie daran erinnert hat, wie wichtig der Umgang mit sich selbst ist, einfach weiter am Arm behalten.

In jedem Fall wünsche ich Ihnen: Kümmern Sie sich weiterhin um sich selbst! Geben Sie gut darauf acht, nicht wieder in alte Muster zu verfallen. Denken Sie an das Gelernte. Bleiben Sie weiter liebevoll am Ball, Sie sind es sich wert. Sagen Sie auch weiterhin: ICare!

Haben Sie einen wunderbaren letzten Tag der Challenge! Feiern Sie Ihren Erfolg! Und überlegen Sie sich, wie es weitergeht. Haben Sie sich schon etwas vorgenommen?

Erfolg hat nur, wer etwas tut, während er auf den Erfolg wartet.
[Thomas Alva Edison]

Schon gewusst?
Zufriedenheit mit sich selbst sorgt für Entspannung und führt zu mehr Gelassenheit und Lebensfreude. Sie wirkt sich auf Körper und Seele aus. Das Immunsystem wird angekurbelt, der Blutdruck und der Spiegel des Stresshormons Cortisol sinken. Studien belegen, dass zuversichtlich gestimmte und zufriedene Menschen weniger anfällig für Infekte und Herz-Kreislauf-Erkrankungen sind.

Genießen Sie heute voller Zufriedenheit das, was Sie erreicht haben. Sie tun sich damit wiederum etwas Gutes!

Resümee | 4. Woche

3. Schlusswort

Wie Sie und ich wünschen sich viele Menschen, achtsam und glücklich im Leben zu sein. Aus diesem Grund habe ich dieses Buch geschrieben. Mein Ziel war es, einen Weg zu zeigen, um all die positive Energie und Kraft, die in Menschen steckt, zu mobilisieren und nutzbar zu machen. Um so mit einfachen Schritten kleine positive Veränderungen zu bewirken. Die eingerosteten Denk- und Fühlmuster und Verhaltensweisen gründlich zu polieren, neue Sichtweisen zu trainieren und sich selbst etwas Gutes zu tun. Den Weg der 30-Tage-Challenge zu gehen. Und Sie haben diese Herausforderung gemeistert! Dazu gratuliere ich von Herzen.

Ursprünglich habe ich ICare für die Lösung meiner eigenen Probleme und zur Sensibilisierung meiner eigenen Wahrnehmung im Umgang mit mir selbst konzipiert. Daher weiß ich aus eigenem Erleben, wie gut es sich anfühlt, die 30 Tage mit mehr Achtsamkeit geschafft zu haben. Ich hoffe sehr, dass es Ihnen gerade auch so geht. 30 Tage achtsamer und bewusster zu leben, ist keine leichte Aufgabe und umso beglückender ist das Gefühl, es geschafft zu haben. Es ist ein wahrer Segen für uns selbst und unser Umfeld, dankbar und achtsam zu sein, vermehrt das Gute zu sehen und unsere Vorstellungs- und Anziehungskraft positiv zu nutzen.

Das Leben ist kostbar und es wäre jammerschade, auch nur einen Bruchteil davon durch die eigene Unachtsamkeit im Umgang mit sich selbst zu verschwenden. Durch ICare haben Sie erfahren, wie leicht Sie im Alltag Einfluss auf Ihre Denk- und Fühlmuster nehmen können. Denn wenn wir auf Dauer glücklicher sein wollen, dann müssen wir im Alltag Wohlbefinden erzeugen. Im ganz normalen Leben, mit all den Unwägbarkeiten, Verpflichtungen und Terminen.

Wenn Sie den 30. Tag der Challenge absolviert haben, bedenken Sie bitte Folgendes: Die 30-Tage-Challenge ist für sich genommen ein befristetes Programm und noch kein dauerhafter Lebensstil. Wie Sie die nächsten Tage, Wochen, Monate und Jahre angehen, liegt ganz in Ihrer Hand.

Die „ICare-Challenge: 30 Tage. Achtsamkeit. Glück." ist der Ausgangspunkt, der Start in ein neues Leben mit einem positiven Umgang mit sich selbst und einem neuen Blick auf die Welt. Sie ist ein Turboantrieb, der Sie schnell von dem alten Trott hin zu einem neuen achtsameren Umgang mit sich selbst befördert. Sollten Sie zukünftig bemerken, dass Sie wieder zunehmend in alte Denk- und Verhaltensweisen fallen, sagen Sie bitte schnellstmöglich „Stopp"! Und tun Sie aktiv etwas dagegen. Sie müssen sich dazu nicht in ein Kloster zurückziehen oder Ihr Leben von Grund auf umkrempeln. Sie haben ein Hilfsmittel, das Sie immer wieder und durch alle Tage begleiten kann: ICare. Sie können die komplette Challenge oder ausgewählte Tagesübungen immer wieder durchführen, am Stück oder einfach zwischendurch.

Bringen Sie sich durch die Challenge immer wieder auf die Pole-Position der Achtsamkeit und des Glücks. Unterstützend können Sie auch immer wieder einmal online an der ICare-Challenge teilnehmen. Nutzen Sie gerne dieses Angebot und gönnen Sie sich erneut 30 Tage ICare.

Ich möchte Ihnen einen weiteren Tipp mit auf den Weg geben. Halten Sie im Laufe des Tages immer mal wieder inne, horchen Sie in sich hinein und fragen sich: Was kann ich mir jetzt, in diesem Moment, Gutes tun? Das kann eine ICare-Übung, eine schöne Tasse Tee, ein bewusster Blick aus dem Fenster oder ein tiefer Atemzug sein. All das dauert nicht lange, lässt sich leicht realisieren und bringt doch so unschätzbar viel. Schaffen Sie sich immer mal wieder kleine Oasen der inneren Zufriedenheit.

In dem Begriff Zufriedenheit steckt das Wort „Frieden". Und für Ihren inneren Frieden können Sie etwas tun. Nehmen Sie sich Zeit für sich und seien Sie sich selbst wichtig. Stehen Sie beispielsweise das nächste Mal im Supermarkt in der langen Schlange, dann ärgern Sie sich nicht über den scheinbaren Zeitverlust, sondern nutzen Sie einfach die Zeit für sich selbst. Sie können zum Beispiel die „Kraft der 5" durchführen, Ihre Achtsamkeit mit „Jetzt!" schulen oder die Zeit wunderbar mit „Imagine" füllen. Zufriedenheit und Glück sind kein Zufall. Darüber wird nicht an anderer Stelle entschieden. Wir können aktiv dafür etwas tun. Achten Sie darauf, worin Sie Ihre kostbare Zeit und Energie investieren. Setzen Sie sich selbst auf Ihre persönliche To-do-Liste.

Das heißt auch, die Augen aufzuhalten nach all den guten Dingen, die Ihnen tagsüber begegnen. Zu oft gehen diese unter und wir konzentrieren uns stattdessen auf die schlechten. Denken Sie an die Informationen aus ICare: Eine positive Grundhaltung, Dankbarkeit und Achtsamkeit sind gut für Ihre Gesundheit und Ihr Wohlergehen. Vergessen Sie bitte nicht, dass Sie die Fäden in der Hand halten. Sie haben Einfluss darauf, wie Sie Ihr Leben betrachten. Es liegt an Ihnen, das Beste daraus zu machen. Sie müssen es nur tatsächlich TUN.

Jeder Tag ist eine neue Chance, sich für sich selbst zu entscheiden. Seien Sie ein liebevoller objektiver Beobachter Ihrer selbst, Ihr wichtigster Verbündeter und Fürsprecher. Seien Sie sich selbst ein guter Freund und begegnen Sie sich voller Mitgefühl. Gehen Sie auf Schatzsuche und nicht nur auf Fehlersuche.

Tun Sie es – für sich.
Sagen Sie: ICare.

Ihre Dr. Sandra Boltz

4. Anhang

Vertrag

Mein Versprechen an mich lautet:

- Ich arbeite von nun an aktiv an einem positiven Umgang mit mir selbst.
- Negative Denkmuster gebe ich auf und lebe stattdessen neue positive Grundsätze.
- Ich achte auf mich und meine Gedanken.
- Ich werde mich lieben und achten, loslassen, was mir schadet und stärken, was mir guttut.
- Ich verspreche mir selbst, dass ich mich um mich kümmere.

ICare

Datum: ________ Unterschrift: ____________________

Beispiele zur Woche der Dankbarkeit, Selbststärkungen, Vorstellungs- und Anziehungskraft:

Die Woche der Dankbarkeit

(Beispiele für Tag 2, 3, 4, 5, 6)

Dankbarkeit ist ein großes Geschenk, das Sie sich selbst machen können. Hier einige Anregungen, um Ihre Wahrnehmung auf Dankbarkeit einzupendeln. Und wenn Sie es erst einmal verinnerlicht haben, können Sie die Dankbarkeit immer wieder beleben.

Sie können dankbar sein, ...

- gut geschlafen zu haben.
- einen Kühlschrank, eine Kaffeemaschine oder einen Toaster zu besitzen.
- jederzeit ausreichend Lebensmittel kaufen zu können.
- selbstständig essen und trinken zu können.
- für Momente, die Sie lächeln lassen.
- ein eigenes Badezimmer benutzen zu können.
- für einen Tag ohne Schmerzen.
- lesen, schreiben und rechnen zu können.
- dem Vogelgezwitscher zu lauschen.
- zu sehen, hören, riechen, fühlen und schmecken.
- dass es Ihre Lieben gibt.
- dass Sie geliebt werden und selbst lieben.

- für all die Erfahrungen, an denen Sie wachsen konnten.
- für Menschen, die mit Ihnen durch dick und dünn gehen.
- für das Lachen Ihrer Kinder.
- für all die Kraft, die in Ihnen steckt.
- für ein gutes Gespräch.
- für all die Harmonie und Freude, die Sie empfinden.
- für Ihre einmaligen Fähigkeiten und Begabungen.
- für Verbundenheit mit anderen Menschen.
- hilfreich sein zu können.
- für all die Schönheiten der Natur.
- über eine gute Nachricht, die Sie hören.
- ein Auto, Motorrad oder Fahrrad zu besitzen.
- sich an kleinen Dingen zu erfreuen.
- reisen zu können.
- für Musik.
- über Ihr liebstes Buch oder Gedicht.
- Regentropfen zu spüren.
- für den Moment, an dem die Sonne durch graue Wolken bricht.
- frische Luft nach einem Regenguss zu riechen.
- über ein freundliches Wort des Nachbarn.
- für eine Umarmung mit einem geliebten Menschen.
- wenn Ihnen etwas gut gelungen ist.
- dass sich Ihre Eltern um Sie gesorgt haben.
- dass Sie Schwierigkeiten im Leben gemeistert haben.
- in einem Land zu leben, in dem Frieden herrscht.
- im Winter nicht frieren zu müssen.

- für die vorbehaltlose Liebe Ihres Hundes/Ihrer Katze.
- für das, was Sie anderen geben dürfen.
- für all das Gute in Ihrem Leben.
- für all die Chancen, die das Leben bietet.

Um Sie dafür zu sensibilisieren, voll und ganz im gegenwärtigen Moment zu sein, hier einige Anregungen für eine achtsame Wahrnehmung:

- Wie fühlt sich beim Duschen das warme oder erfrischende Wasser auf Ihrer Haut an?
- Wie schmeckt Ihr Frühstücksbrot, was ist eigentlich darauf?
- Welchen Geschmack hat Ihre Zahncreme?
- Wie fühlt sich der Wind an, der Ihnen beim Weg zur Arbeit ins Gesicht weht?
- Wie riecht heute Früh die Luft?
- Wie riecht sie auf dem Nachhauseweg?
- Wie geht es heute Ihren Kollegen? Sehen sie erschöpft, erholt, zufrieden oder betrübt aus?
- Welche Kleidung trägt Ihr Partner, Ihre Freundin oder Ihre Nachbarin?
- Was denken, empfinden und fühlen Sie in diesem Moment?
- Ist Ihnen gerade kalt oder warm, fühlen Sie sich wohl oder spüren Sie eine Verspannung im Nacken?

- Was befindet sich alles auf Ihrem Schreibtisch, an Ihrem Arbeitsplatz oder Ihrem Lieblingsplatz zu Hause?
- Wie schmecken der Apfel oder der Müsliriegel zwischendurch?
- Was können Sie auf der Autofahrt zur Arbeit, zu einem Termin oder zum Einkaufen alles sehen?
- Was genau erzählt Ihnen Ihr Gegenüber? Hören Sie aufmerksam zu, ohne gedanklich abzuschweifen?
- Was hören Sie im Zugabteil, im Supermarkt, auf der Straße oder an dem Ort, an dem Sie gerade jetzt sind?
- Wie sehen die Speisen auf Ihrem Teller aus? Welche Formen und Farben haben sie? Wie riechen sie? Betrachten Sie sie vor dem Essen.

Die Woche der Selbststärkungen
(Beispiele für Tag 9, 10, 11, 12, 13, 14)

Folgend einige Anregungen zu drei unterschiedlichen Bereichen, wie Sie sich mit positiv formulierten Sätzen selbst stärken können. Mentale Powerriegel für die Selbststärkung zwischendurch!

Selbstwertgefühl:
- Ich mag mich, so wie ich bin.
- Ich glaube an mich und meine Fähigkeiten.
- Ich mache meine Sache richtig gut.

- Ich bin voller Selbstvertrauen.
- Ich bin voller Energie.
- Ich erreiche meine Ziele.
- Ich bin motiviert.
- Ich habe es verdient, ein gutes Leben zu haben.
- Ich kann mit allen Situationen gut umgehen.
- Ich verdiene es jetzt, glücklich zu sein.
- Ich bin gut, so wie ich bin, mit all meinen Stärken und Schwächen.
- Ich bin wertvoll.
- Ich sorge dafür, dass es mir jetzt gut geht.
- Ich bin im Frieden mit mir selbst und dem Leben.
- Ich bin jeder Situation gewachsen.
- Ich habe mich und meine Gedanken unter Kontrolle.
- Ich bestimme, was ich denke.
- Ich verändere mein Leben zum Guten.
- Heute lasse ich mir durch nichts die Laune verderben. Ich entscheide mich dafür, gelassen und fröhlich zu sein.
- Ich bin voll neuer Kraft.
- Jeder Atemzug gibt mir neue Energie.
- Ich kann alles erreichen, was ich mir vornehme.
- Ich treffe heute die Entscheidung, mein Leben leicht, einfach und freudig zu machen.
- Voller Freude und Vertrauen gehe ich weiter und weiß, dass viel Gutes auf mich wartet.
- Ich liebe mich und bin es wert, geliebt zu werden.
- Ich liebe das Leben.

Stress und Angst:

- Ich bin ruhig und gelassen.
- Ich kann mit dieser Situation sehr gut umgehen.
- Ich bleibe bei Stress ganz ruhig.
- Ich lasse all meinen Stress und meine Anspannung jetzt los.
- Ich darf mich jetzt entspannen.
- Ich lasse nun alle Ängste und Zweifel los.
- Ich sorge ab heute gut für mich.
- Ich übernehme ab jetzt die Verantwortung für meine Gefühle.
- Ich bin voller Mut und Selbstvertrauen.
- Ich habe Vertrauen in mich und das Leben.

Beruf:

- Ich bin erfolgreich.
- Ich bin gut in meinem Beruf.
- Ich habe viel Potenzial.
- Ich habe es verdient, den Job zu bekommen, den ich haben möchte.
- Es fällt mir leicht vor anderen zu sprechen.
- Ich vertraue meinen Fähigkeiten.
- Anforderungen lassen mich wachsen.
- Ich fühle mich wohl an meinem Arbeitsplatz.
- Das ist ein guter Arbeitstag.
- Ich bin jeder Situation gewachsen.

Die Woche der Vorstellungskraft
(Beispiele für Tag 15, 16, 17, 18, 20)

Holen Sie sich Energie und Schwung aus den erfolgreichen und besonderen Momenten Ihres Lebens. Hier einige Anregungen, welche bisherigen Momente Sie dazu nutzen können.

Erinnern Sie sich bildhaft an …

- eine bestandene Prüfung.
- einen sportlichen Erfolg.
- eine besondere Reise.
- einen lustigen Abend mit Freunden.
- den schönsten Sonnenuntergang oder -aufgang, den Sie erlebt haben.
- den ersten Hautkontakt mit Ihrem Partner oder Kind.
- ein besonderes Fest.
- eine Liebeserklärung.
- einen Strandspaziergang.
- den Zuspruch eines besonderen Menschen.
- ein einzigartiges Naturereignis.
- ein erhaltenes Kompliment.
- das Meistern einer Herausforderung.
- eine Kissenschlacht.
- den Moment, an dem Sie eine gute, vielleicht lang ersehnte Nachricht erhalten haben.
- einen warmen Sommerregen.

- Ihren Lieblingsplatz, an dem Sie sich besonders wohlfühlen.
- eine besondere Begegnung.
- die Überwindung einer Schwierigkeit.
- einen Lachanfall mit Freunden.
- eine herzliche Umarmung.
- eine laue Sommernacht unter dem Sternenhimmel.
- ein besonderes Wiedersehen.
- das schönste Erlebnis Ihrer Kindheit.

Setzen Sie Ihre Gedanken wirkungsvoll für das Erreichen Ihrer Ziele ein. Hier einige Impulse, was Sie sich in Ihrem Kopfkino vorstellen können:

Stellen Sie sich bildhaft vor, ...

- die bald anstehende Prüfung zu bestehen.
- das morgige Kundengespräch souverän zu meistern.
- das schwierige Telefonat, das ansteht, erfolgreich zu führen.
- die Ziellinie des Laufes, für den Sie trainieren, glücklich zu überschreiten.
- Ihr Wunschgewicht erreicht zu haben.
- eine bestimmte Situation voller Selbstbewusstsein zu meistern.
- couragiert die eigene Meinung zu vertreten.

- das Projekt, an dem Sie gerade arbeiten, erfolgreich abzuschließen.
- Ihren Traumjob zu haben.
- auf einen Menschen, der Ihnen am Herzen liegt, zuzugehen.
- glücklich und achtsam zu sein.
- zur Büroeröffnung anlässlich Ihrer beruflichen Selbstständigkeit einzuladen.
- gesund zu sein.
- Ihren ganz eigenen Weg zu gehen.
- eine eigene Wohnung oder ein eigenes Haus zu besitzen.
- eine bestimmte Reise zu unternehmen.
- die Fremdsprache, die Sie lernen wollen, zu beherrschen.
- die Herausforderung, vor der Sie gerade jetzt gestellt sind, zu meistern.

Die Woche der Anziehungskraft
(Beispiele für Tag 22, 23, 26)

Hier einige Anregungen zum Loslassen von Denkmustern, die nicht guttun, sondern blockieren. Befreien Sie sich von den Lasten und schaffen so Raum für Neues:

- Ich lasse jeden Zweifel jetzt vollständig los.
- Ich lasse jeden Widerstand gegen Veränderungen jetzt vollständig los.

- Ich lasse jedes Schuldgefühl jetzt vollständig los.
- Ich lasse die Vergangenheit jetzt vollständig los.
- Ich lasse jede Angst jetzt vollständig los.
- Ich lasse übertriebene Ansprüche mir selbst gegenüber jetzt vollständig los.
- Ich lasse den Gedanken, alles immer noch besser hätte machen zu können, jetzt vollständig los.
- Ich lasse die Befürchtung, ständig einen Fehler zu machen, jetzt vollständig los.
- Ich lasse jetzt vollständig los, mir ständig Sorgen zu machen.
- Ich lasse jetzt vollständig los, es immer allen recht machen zu wollen.
- Ich lasse jetzt vollständig los, immer daran zu denken, was andere über mich denken.
- Ich lasse das Grübeln über mich und meine Schwächen jetzt vollständig los.
- Ich lasse den Gedanken, es nicht verdient zu haben, glücklich zu sein, jetzt vollständig los.
- Ich lasse das Gefühl, nicht gut genug zu sein, jetzt vollständig los.
- Ich lasse jegliche einschränkende Denkmuster jetzt vollständig los.
- Ich lasse das, was mich nicht glücklich macht, jetzt vollständig los.
- Ich lasse jede Selbstanklage jetzt vollständig los.

- Ich lasse eingefahrene Gewohnheiten, die mir nicht guttun, jetzt vollständig los.
- Ich lasse jegliche Gedanken, die mir nicht guttun, jetzt vollständig los.
- Ich lasse jedes Gefühl, das mir nicht guttut, jetzt vollständig los.
- Ich lasse jede Mutlosigkeit jetzt vollständig los.
- Ich lasse jegliche Katastrophenfantasien jetzt vollständig los.
- Ich lasse jede Hoffnungslosigkeit jetzt vollständig los.
- Ich lasse all das, was mich blockiert, jetzt vollständig los.
- Ich lasse jede Selbstverurteilung jetzt vollständig los.
- Ich lasse jedes Mangeldenken jetzt vollständig los.
- Ich lasse jegliches Versinken in Selbstmitleid jetzt vollständig los.
- Ich lasse jegliches Jammern und Klagen jetzt vollständig los.
- Ich lasse jegliche Verantwortungslosigkeit mir selbst gegenüber jetzt vollständig los.
- Ich lasse jegliche Schwarzmalerei jetzt vollständig los.
- Ich lasse jede Angst vor Ablehnung jetzt vollständig los.
- Ich lasse jetzt vollständig los, meine eigenen Bedürfnisse als unwichtig zu betrachten.
- Ich lasse jetzt vollständig los, mich ständig in der Opferrolle zu sehen.
- Ich lasse die Angst vor dem Loslassen jetzt vollständig los.

Vergebung ist die Loslösung von negativen belastenden Energien des eigenen Fühlens und Denkens. So entsteht Platz für Zufriedenheit und ein Leben im Hier und Jetzt. Folgend einige Beispiele, wie Sie vergeben können:

- Ich vergebe mir, dass ich heute früh beim Blick in den Spiegel über mein Aussehen geklagt habe. Heute sehe ich all das Schöne an mir.
- Ich vergebe mir, dass ich mich selbst beschimpft habe. Heute spreche ich nur liebenswürdig zu mir selbst.
- Ich vergebe mir, dass ich in der Vergangenheit diesen einen bestimmten Fehler gemacht habe. Heute bin ich voller Frieden.
- Ich vergebe mir meine Selbstzweifel. Heute bin ich voller Selbstbewusstsein.
- Ich vergebe mir, dass ich neidisch auf meine Kollegin war/bin. Heute achte ich darauf, was ich denke und sage.
- Ich vergebe mir, dass ich gestern zu viel gegessen habe. Heute achte ich auf meine Ernährung.
- Ich vergebe mir, dass ich zu faul war zum Sport zu gehen. Heute nehme ich mir Zeit, für mehr Bewegung.
- Ich vergebe mir, dass ich einmal nicht die Wahrheit gesagt habe. Heute bin ich ganz und gar ehrlich.
- Ich vergebe mir, dass ich eine Zeit lang das Leben nicht geschätzt habe. Heute bin ich voller Dankbarkeit, am Leben zu sein.

- Ich vergebe mir, dass ich mir selbst keinen Wert beigemessen habe. Heute behandele ich mich mit Respekt.
- Ich vergebe mir, dass ich mir selbst nichts zugetraut habe. Heute bin ich voller Selbstvertrauen.
- Ich vergebe mir, dass ich gestern so spät schlafen gegangen bin. Heute achte ich auf ausreichend Schlaf.
- Ich vergebe mir, dass ich in dieser einen Situation so egoistisch war. Heute denke ich auch an das Wohl der anderen.
- Ich vergebe mir, dass ich mich selbst so schlecht behandelt habe. Heute bin ich voller Selbstmitgefühl und mir selbst ein Freund.
- Ich vergebe mir, dass ich mich über meinen eigenen Erfolg nicht gefreut habe. Heute bin ich stolz auf mich selbst.
- Ich vergebe mir, dass ich in diesem einen Gespräch immer Recht haben wollte. Heute respektiere ich auch andere Meinungen.
- Ich vergebe mir, dass ich in dieser einen Situation so habgierig war. Heute bin ich zufrieden mit dem, was ich habe.
- Ich vergebe mir, dass ich aus Angst vor dieser einen Situation geflohen bin. Heute stelle ich mich mutig und selbstbewusst allen Herausforderungen.
- Ich vergebe mir, dass ich voreingenommen über andere geurteilt habe. Heute gehe ich offen auf meine Mitmenschen zu.

Stimmen von ICare-Challenge-Teilnehmern:

Die Idee ist wirklich so genial, denn es ist ja eines unserer größten Hindernisse, dass wir immer vergessen (zu lächeln, zu danken, dem Kritiker Einhalt zu gebieten etc.) Das Sai Sin ist so präsent, dass wir gar nicht anders können, als uns viele Male am Tag an diese so wichtigen Dinge zu erinnern. Ich freue mich schon auf die nächsten Tage!

Stefanie Rott, Hamburg

Ich fand die Übung heute sehr gut. Durch das Bändchen gelang es mir, mich immer wieder auf das Thema „Dankbarkeit" zu besinnen. Dabei hatte ich heute eine ziemlich wilde Zugfahrt erlebt, mit überfüllten Abteilen und so weiter, und dennoch – als ich wieder mal voller Groll dachte, wie blöd doch diese Fahrt ist, habe ich mir überlegt, für was ich danken kann. Mir fielen in diesem Moment die Sonne ein, die so durch die Scheiben hereinstrahlte, mein Sohn, der die Fahrt über sehr gelassen war und mit viel Spaß in seinem Malbuch gemalt hat – und witzigerweise taten sich dann noch nette Mitfahrer auf, ein nettes Gespräch entwickelte sich ... All so was ließ mich den Moment feiern. Ich bin auf Morgen gespannt.

Antje Tresp-Welte, Radolfzell

Das Armband hat es in sich. Die Erinnerung kommt so zwischendurch, was sonst nie möglich wäre! Die Bewusstheit wächst. Großartig. Das Band trage ich dann auch weiter. Die

Übung heute, die Selbstdialoge in positive zu verwandeln, grandios! Vielen Dank für die große Möglichkeit der 30 Tage Achtsamkeitsübung.

Astrid Odau, Mannheim

Meine ganze Familie macht mittlerweile bei ICare mit! Ich freue mich sehr darüber, dass sie freiwillig mitmachen wollten und jeden Morgen erzählen sie, was sie als Tagesaufgabe haben. Das hätte ich gar nicht gedacht, dass solches Interesse bei so jungen Leuten besteht.

Sanja Erak, Tübingen

Dankbarkeit ist ein Teil meines Alltags – umso mehr, wenn er durch Projekte wie die ICare-Challenge noch mehr gewürdigt und gelebt wird. Was ich persönlich besonders faszinierend finde: das kraftvolle Miteinander. Alle Gedanken und Taten haben eine erhöhte Schwingung und Durchsetzungskraft, wenn mehrere bzw. viele Menschen daran festhalten und sie praktizieren. Ein Teil meiner Dankbarkeit gilt heute der Challenge. Vielen Dank für diese wundervolle Idee und die Umsetzung!

Elke Aeffner-Wiezorrek, Hannover

Für mich ist der Blick aus einer anderen Perspektive auf die Umstände, Dinge oder Situationen ganz wichtig. Die Übungen helfen sehr dabei. Ich schaue heute mal ganz anders in Dankbarkeit auf alles, was sonst so selbstverständlich ist. Wenn Text und Impulse mich so ansprechen, dass eigene

Ideen entstehen, umso besser. Manchmal noch etwas sehr mit dem Kopf, aber das aus dem Herzen wird schon werden. Somit ein herzliches „Danke".

Volker Baßfeld, Ehningen

Wie ein Kind freue ich mich jeden Morgen auf meine neue Übung – eine sanfte kleine Ausrichtung auf den Megatag, der schon auf mich wartet. Mit den Übungen schaffe ich es leichter, ihn zu genießen und fühle mich energiegeladen und zufrieden. Vielen Dank für die Kostbarkeiten.

Doris Fritz, Stuttgart

Ich bin dankbar heute, dass ich die Nacht so wunderbar schlafen konnte, die Sonne so schön in mein Schlafzimmer schien. Ich bin dankbar heute, dass ich mich gut fühle. Ich bin dankbar heute, einfach zu sein. Ich bin dankbar heute, dass ich mich bei meinem Schutzengel so wunderbar geborgen fühlen darf. Ich bin dankbar heute, dass ich mit den Gaben des Kochens und Backens beglückt wurde und so feine Gerichte zaubern kann. Ich bin dankbar heute, dass ich seit Langem vegan lebe und meinem Körper diese wunderbaren Essenzen zufügen darf. Ebenso danke ich für das Armband. Es soll mich immer daran erinnern, auch nach der Challenge, Achtsamkeit zu üben, die manches Mal im lauten Getümmel des Alltags untergeht.

Eva Gaby Schellrich, Villingen

Zuerst einmal und vor allem DANKE! Diese Challenge ist einfach großartig und trägt uns (meinen Mann und mich) derzeit durch eine sehr schwierige Phase (meine Schwiegermutter ist vor 9 Tagen nach schwerem Schlaganfall ins Krankenhaus gekommen und wir sind natürlich sehr viel mit den Sorgen und Erfordernissen dieser neuen Situation beschäftigt). Da hilft uns die tägliche Übung sehr, im inneren Gleichgewicht zu bleiben und auf das daneben ja durchaus viele Positive in unserem Leben zu gucken, sprich unseren Fokus positiv zu halten und eben nicht in den Sorgen unterzugehen... Dafür ist die Challenge zurzeit wirklich Gold wert und wir danken Ihnen dafür sehr. Wir sind schon gespannt auf das Thema der nächsten Woche und freuen uns jeden Morgen auf die tägliche Übung.

Monika Wolf, Münster

Vielen Dank für die täglichen Anregungen zur Achtsamkeit. Ich freue mich sehr darüber. Ich empfinde ganz klar, wie sehr ich damit nicht nur mein Leben positiv gestalte, sondern zum Wohle aller Geschöpfe handle.

Monika Abeln, Lehe

Erstaunlich, wie das Sai Sin wirkt. Wenn ich darauf schaue, erinnere ich mich gleich an die Übung und das Thema!

Margie Köhn, Hitzacker

Vielen Dank für diese tolle Aktion und die Idee mit dem Armband. Ich weiß schon jetzt, dass ich auch nach der Chal-

lenge das Band weiterhin tragen werde und – wann immer mein Blick darauf fällt – mir Dankbarkeit, Achtsamkeit und was auch immer noch in den nächsten Wochen auf uns wartet, ins Bewusstsein rufen werde.

Doro Bluhm, Gütersloh

Es macht eine große Freude jeden Morgen die Übung zu lesen. Vor allem sind es wirklich wertvolle Tipps. Es tut einfach gut. Vielen lieben Dank!

Sandra Maier, Kalsdorf bei Graz, Österreich

Vielen Dank für diese wunderbare Idee und die täglichen Übungen. Sie sind einfach genug, um sie auch wirklich zu praktizieren und sie sind so tief gehend, dass ich schon jetzt eine Veränderung spüre, für die ich dankbar bin.

Bettina Kosian, Immenstadt

Lebt sich traumhaft ohne den inneren Kritiker bzw. mit nur kurzen „Touch down's" des inneren Kritikers! Denn nun lenke ich meinen Fokus wieder konzentriert dorthin. Danke für die vielen guten Anregungen und Tipps. Ich freue mich jeden Tag auf die Übung. Klasse Idee! Liebe Grüße und all the best an alle ICarer.

Georg F., Pappenheim

Danke für den Anstoß zu einem bewussteren Leben.

Helga Bockholt, Rheine

ICare im Internet

www. icare.weltinnenraum.de

Hier können Sie online bei der ICare-Challenge zu bestimmten Terminen mitmachen. Sie erhalten dann täglich die Übung als E-Mail-Newsletter. Zudem haben Sie die Möglichkeit, sich mit anderen Teilnehmern der Challenge auszutauschen und gegenseitig zu unterstützen, zu motivieren oder einfach mal zu schauen, wie es anderen bei der Challenge ergeht.

Ich bin schon sehr auf Ihre Erfahrungen gespannt!

Verbinden Sie sich doch auf Facebook mit mir!
www.facebook.com/drsandraboltz

Ihr persönlicher Zugangscode lautet: i3798CJK

Danksagung

Es ist kein Zufall, dass ICare mit der Woche der Dankbarkeit startet und mit den beiden Tagesübungen des Lächelns und Dankbarseins. Damit schließe ich auch jetzt gerne die gemeinsam verbrachte Zeit:

Als Erstes möchte ich Ihnen danken, liebe Leser: Danke für Ihre Bereitschaft zur Veränderung und Offenheit für neue Sichtweisen. Zu wissen, Ihnen Inspiration für einen besseren Umgang mit sich selbst gegeben zu haben und dass

Sie vielleicht die eine oder andere Übung mit hinaus in Ihr eigenes Leben nehmen, erfüllt mich sehr.

Mein herzlicher Dank gilt dem wunderbaren Team der J. Kamphausen Mediengruppe, insbesondere Joachim Kamphausen, Anne Petersen, Maren Brand, Ariane Heinemann und Björn Harms. Vielen Dank für ihren unermüdlichen Einsatz und den Glauben an ICare – von Anfang an.

Meiner Lektorin Ursula Kollritsch bin ich von ganzem Herzen dankbar für die Inspiration und Unterstützung. Es geht heiter weiter ...

Dankeschön allen Teilnehmern der ersten ICare-Challenge im Frühjahr 2014. Die positive Resonanz, unzähligen Feedbacks und lieben Nachrichten waren ein großer Energieschub für mich und mein Herzensprojekt ICare.

All denen, die mich vom ersten Schritt an vorbehaltlos unterstützt haben und mir so Kraft für den jeweils nächsten gegeben haben: Danke!

Ein ganz besonderer Dank meinen Eltern, die mir auf ihre jeweils eigene Art Kopf und Herz für Dankbarkeit und Achtsamkeit geöffnet haben.

Und zu guter Letzt möchte ich Andrea Geisler danken. Ihre Freundschaft, Unterstützung und ihr Verständnis bedeuten mir unendlich viel, sie waren und sind mir ein wichtiger Begleiter während der Entstehung von ICare, der Zeit des Schreibens und durch alle Auf's und Ab's der vergangenen Jahre.

Bildnachweis

Alle gelisteten Abbildungen: fotolia.de

Tag 1	© Coloures-pic
Tag 2	© Marco2811
Tag 6	© Iakov Kalinin
Tag 7	© Style Media & Design
Tag 8	© Zarya Maxim
Tag 9	© Reimer - Pixelvario
Tag 10	© peshkova
Tag 11	© Stauke
Tag 12	© Thomas Pajot
Tag 13	© S.Kobold
Tag 14	© Cobalt
Tag 15	© SM Web
Tag 16	© mariiya
Tag 17	© stockWERK
Tag 18	© WoGi
Tag 19	© ArtFamily
Tag 20	© brat82
Tag 21	© contrastwerkstatt
Tag 22	© simonkr
Tag 23	© LoloStock
Tag 24	© Lenslife
Tag 25	© eyetronic
Tag 26	© coramax
Tag 27	© typomaniac
Tag 28	© mickyso
Tag 29	© kromkrathog

Ich denke, also bin ich verwirrt! Im Dschungel der Gedanken verliert man oft den Überblick, wie Leben gelingen kann. Bruce Doyle bringt Licht ins Dunkel und lädt dazu ein, mit ihm die Welt der Gedanken und Glaubenssätze zu entdecken. Sie lernen, wie der kosmische Computer wunschgemäß Ihre Erfahrungen programmiert und wie ein Gedanken-Upgrade Sie sofort in die 1. Klasse des Lebens katapultiert. Wertvolle Praxistools bereichern die aktualisierte Ausgabe von Pass auf, was du denkst: das innere Drehbuch umschreiben, Erfolg haben bei der Jobsuche, emotionale Freiheit erlangen und die richtige Wahl treffen.

www.luechow-verlag.de

J.Kamphausen | Mediengruppe

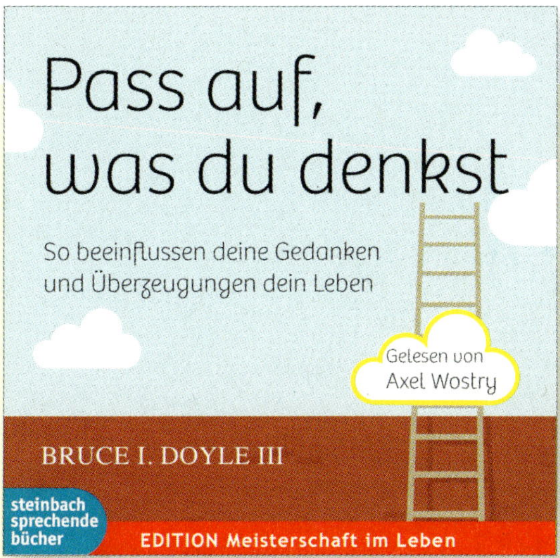

Bruce I. Doyle

Pass auf, was du denkst

So beeinflussen Ihre Gedanken
und Überzeugungen Ihr Leben

CD · 70 Min.

ISBN 978-3-86266-050-6

Bruce I. Doyle

Pass auf, was du denkst

So beeinflussen Ihre Gedanken
und Überzeugungen Ihr Leben

120 Seiten · Broschur

ISBN 978-3-89901-463-1

„Hervorragend, klar und leicht zu verstehen:
Ich empfehle dieses Buch von ganzem Herzen."
Neale Donald Walsch,
Autor von *Gespräche mit Gott*

Pass auf,
was du denkst

So beeinflussen Ihre Gedanken
und Überzeugungen Ihr Leben

BRUCE I. DOYLE III, PH.D.

Lüchow

Über den Verlag

Mit Liebe fürs Detail und für die Umwelt 

Bei der Auswahl der Inhalte, die wir präsentieren, achten wir auf Originalität, Kompetenz, Praxisrelevanz und Qualität. So können wir mit Herz und Seele hinter unseren Büchern, Hörbüchern, Filmen und den anderen Produkten stehen, die wir mit viel Liebe und Aufmerksamkeit bis ins letzte Detail fertigen.

Wir leisten einen aktiven Beitrag zum Umweltschutz und verbrauchen nur wirklich notwendige Ressourcen – so sparsam wie möglich. Wir drucken überwiegend auf 100% Recyclingpapier oder produzieren unsere Titel klimaneutral. 99% unserer Fertigung findet in Deutschland statt, so haben wir kurze Transportwege und unterstützen die lokale Wirtschaft.

Inspirationen, interessante und wertvolle Neuigkeiten, Wahres, Schönes & Gutes sowie wichtige Termine können Sie regelmäßig in unserem Newsletter erfahren oder hier: **www.facebook.com/weltinnenraum**

weltinnenraum.de

J.Kamphausen | Mediengruppe